EL CELADOR

EN LAS

UNIDADES CLÍNICAS DE GESTIÓN

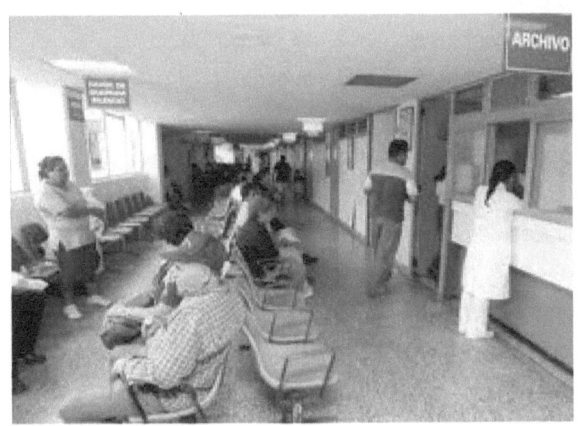

Autoras:

Ana Redondo Crespo
Mª Ángeles Tejado Alamillo
Blanca Rodríguez Ortuño

ISBN 978-1-4710-7407-3

ÍNDICE

CONSIDERACIONES INICIALES

¿Por qué existen ineficiencias en el sector de la salud?

¿Qué significa ser eficiente en el sector de la salud?

¿Existe incompatibilidad entre ética y economía?

¿Es posible aumentar la eficiencia sin conflictos éticos?

¿Es posible aumentar la eficiencia y la equidad simultáneamente?

¿Cómo satisface la organización las motivaciones de los profesionales de la salud?

RESUMEN

Los servicios de salud son sistemas cuya misión es contribuir a mejorar la salud de los individuos y de la sociedad y esta misión la deben llevar a cabo a un coste que la sociedad esté dispuesta a pagar. Los recursos que la sociedad esté dispuesta a pagar pueden ser muchos o pocos, pero siempre serán limitados. Por lo tanto, los recursos deben utilizarse de forma eficiente, es decir de forma que maximicen los resultados de salud de la sociedad. La implicación inmediata es que es ético ser eficiente y es no ético ser ineficiente puesto que no es ético utilizar recursos en decisiones que no aumentan la salud de las personas o que la aumentan menos que si se utilizasen de otra forma. Esta es la interrelación clave entre economía y ética.

Sin embargo, existe evidencia de que en los sistemas de salud existen numerosas ineficiencias. En un mercado perfecto la eficiencia está garantizada, pero en el sector de la salud existen ciertas características o excepciones para que pueda ser considerado como un mercado perfecto. Ello implica que la eficiencia no se va a producir, a no ser que se realice un esfuerzo activo para ser eficientes. La eficiencia puede ser considerada en términos de análisis de <u>coste-efectividad</u>, <u>coste-utilidad</u>, o <u>coste-beneficio</u>. La alta variabilidad de la práctica clínica, o la alta proporción de utilización inapropiada de los procedimientos médicos hacen cuestionable que siempre se tomen las decisiones más eficientes. En este contexto, la figura del médico es fundamental por muchas razones, pero especialmente por la asimetría de información entre el proveedor (personal sanitario) y consumidor (paciente).

En el contexto de la ética médica, el papel del personal sanitario también es fundamental, en los principios de beneficencia, autonomía, justicia. A veces surgen conflictos entre los principios éticos, por ejemplo entre el principio de beneficencia y el principio de justicia, que es equivalente al conflicto entre eficiencia y equidad en el plano de la economía. Resolverlo no es fácil, pero las perspectivas desde la ética y desde la economía ayudan a entender el extremo que esté más desajustado. Las decisiones de los profesionales de la salud influyen en la eficiencia y en la equidad de los sistemas de salud. A su vez, las decisiones de los profesionales están guiadas por el conjunto de sus motivaciones. Por lo tanto, la motivación de los profesionales es un asunto clave en los sistemas de salud.

La motivación es el impulso en el ser humano que le lleva a actuar para satisfacer unas necesidades. Las personas, al actuar, pueden moverse por tres tipos de motivos: extrínsecos, intrínsecos, y trascendentes. Los motivos extrínsecos son cualquier tipo de incentivo que se atribuye a la realización de la acción por parte de otra persona o personas distintas de aquella que ejecuta la acción (v.gr: la retribución de un trabajo, o las alabanzas que se reciben al hacerlo). Los motivos intrínsecos son los incentivos que provienen de cualquier resultado de la ejecución de la acción para la persona que la realiza y que depende tan sólo del hecho de realizarla (v.gr: el aprendizaje, el reto que produce, el gusto de hacerla, o la creatividad que se desarrolla en las acciones). Los motivos transcendentes son los incentivos que provienen de aquellos resultados que la acción provoca en otras personas distintas de quien ejecuta la acción (v.gr: la satisfacción de producir bienestar a otra persona). La estructura motivacional de una persona viene determinada por la sensibilidad que esa persona tiene para ser movida por cada uno de los motivos.

A su vez, la medida en que la organización satisface los motivos de sus miembros determina la estructura compensatoria que tiene también los niveles extrínseco, intrínseco, y trascendente. Según interactúen los niveles de la estructura motivacional del individuo y la estructura compensatoria de la organización, se determinan los tres niveles de compromiso. El compromiso extrínseco desarrolla el vínculo del interés, el compromiso intrínseco desarrolla el vínculo de la atractividad, y el compromiso trascendente desarrolla el vínculo de la unidad. Los niveles del compromiso configuran la dedicación del individuo, entendiendo por dedicación todos aquellos comportamientos beneficiosos para la organización que no son exigibles contractualmente.

La mayor parte de las iniciativas para aumentar la contribución de los profesionales a la eficiencia y a la equidad de los sistemas sanitarios no han tenido éxito, probablemente por muchas razones entre las que destacan dos: las iniciativas se han basado en evidencia científica cuestionable, y la aproximación a la motivación de los profesionales ha sido muy superficial. Estas debilidades deberían ser tenidas en cuenta para desarrollar iniciativas que propicien el desarrollo de la eficiencia y la equidad en el contexto de la ética profesional y la ética social.

INTRODUCCION

Los servicios de salud son sistemas cuya misión es contribuir a mejorar la salud de los individuos y de la sociedad en su conjunto. Esta misión la deben llevar a cabo a un coste que la sociedad esté dispuesta a pagar. En este contexto, para situar en los servicios de salud una reflexión apropiada sobre la motivación, la eficiencia, y la ética, puede ser útil partir de dos proposiciones. La primera proposición es que el acceso a la prestación de servicios es un derecho de todos los ciudadanos y no debe depender de su riqueza o salario. La segunda proposición es que el objetivo de los servicios de salud es maximizar el impacto sobre la salud de la nación con los recursos que la sociedad establezca para ello.

Estas dos proposiciones son asumidas por la mayor parte de los sistemas de salud, y desde luego por el sistema nacional de la salud español. La implicación inmediata derivada de asumir estas dos proposiciones es que es ético ser eficiente (consumir recursos en el mejor uso) y es no ético ser ineficiente, porque ser ineficiente significa que se falla en el objetivo ético de maximizar el impacto sobre la salud de la sociedad con los recursos finitos que la sociedad pone a disposición de los servicios de salud. La encrucijada relevante de tal implicación es la interrelación entre práctica clínica, ética, y economía. En esta encrucijada es fundamental la figura del personal sanitario. Debido a la importancia de dicho personal en el sector de la salud, resulta clave comprender la motivación de los mismos, la forma en que la organización satisface los motivos de sus profesionales, y el compromiso que resulta de la interacción entre la estructura motivacional de los profesionales y la compensación que la organización ofrece a sus motivos.

El presente artículo pretende explorar los fundamentos y consecuencias de las decisiones sobre el uso de recursos en los servicios de salud. Los decisores pueden ser planificadores, responsables en la asignación de recursos, gerentes, o médicos, entre otros. Este capítulo se centra en el papel de los profesionales como decisores en el uso de procedimientos, y explora su papel desde perspectivas de la práctica clínica, de la economía, y de la ética. Para facilitar la comprensión de estas perspectivas, se describen algunos conceptos básicos de economía de la salud, de la práctica clínica, de la ética médica, y se explora la teoría más aceptada de la motivación humana con énfasis en la motivación en el sector de la salud.

Los servicios de salud son sistemas cuya misión es contribuir a mejorar la salud de los individuos y de la sociedad en su conjunto y deben cumplir su misión a un coste que la sociedad esté dispuesta a pagar. Los servicios de salud se enfrentan en las últimas décadas a retos tales como la complejidad de sus servicios, los recursos limitados, la rapidez en la innovación y difusión de tecnologías y procedimientos médicos, las presiones sociales y de los profesionales de la salud en la demanda de servicios y al desconocimiento de los efectos que ello tiene en los costes y en el nivel de salud de la población. A estos hechos se añade que en los últimos 25 años el gasto sanitario ha crecido el doble que la riqueza en los países industrializados.

Estos problemas han propiciado que la contención del gasto haya emergido como asunto clave en la política sanitaria de los últimos años en los países des-arrollados y que el análisis socioeconómico se haya desarrollado como actividad científica en el campo de investigación en servicios de salud. En este contexto, la investigación en servicios de salud se está configurando como una actividad imprescindible para producir conocimiento mediante el cual se mejoren la toma de decisiones dirigidas a mejorar la calidad asistencial, la eficiencia, la equidad, y la satisfacción de los profesionales, de los pacientes, y de los ciudadanos.

Como los recursos para proporcionar la atención sanitaria son inherentemente limitados, el hecho de optar por mucho de la alternativa A, implica que tenemos que optar por menos de la alternativa B. Este fenómeno se produce tanto a nivel macro (sistema de salud) como a nivel micro (médico-paciente). El problema de elegir en un contexto de recursos limitados a nivel médico-paciente ha sido acertadamente señalado por Williams "... ésta es la atormentada realidad que existe bajo la tensión entre la libertad clínica y la responsabilidad social..." Estos hechos sugieren que en una era de recursos limitados y múltiples opciones técnicamente posibles es necesario que las decisiones, y la evaluación de las decisiones, incluyan perspectivas no sólo clínicas sino también económicas y éticas. Con estas perspectivas entrelazadas y complementarias, es fácilmente entendible que el énfasis en prestar una atención eficiente (v.gr: coste-efectiva) es consistente con atención excelente. Una atención sanitaria más eficiente implica mejor atención para un paciente individual y permite utilizar los recursos de forma que mejore la atención de la población en su conjunto.

En definitiva, para mejorar las decisiones se debería saber si el sacrificio que realiza la sociedad al dedicar parte de sus limitados recursos a la atención de la salud produce mayor bienestar que si se dedicasen a otras actividades, y si la forma de utilizar los recursos dedicados a sanidad, cualesquiera que éstos sean, maximiza los resultados de salud para la población. En los debates y análisis sobre estas cuestiones suelen aparecer numerosas perspectivas, por ejemplo de los financiadores, políticos, proveedores, pacientes, o investigadores. La perspectiva de los médicos puede ser la de investigadores, dado que, a veces, son investigadores en los análisis. Pero la relevancia de la perspectiva y del papel de los médicos radica en que son los proveedores de la atención sanitaria mediante la práctica clínica.

2. LA PRÁCTICA CLINICA

La práctica clínica puede ser definida de forma sencilla como el proceso de la actuación de los profesionales en relación con el cuidado del paciente. Los componentes de la práctica clínica son el cuerpo de conocimientos disponibles, los datos clínicos de los pacientes, las percepciones, juicios, razonamientos y decisiones de los profesionales, los procedimientos que éstos utilizan, las intervenciones que aplican, y la forma en que los profesionales mantienen y perfeccionan sus conocimientos y habilidades clínicas. El objetivo fundamental de la práctica clínica es la transformación de una realidad, el estado clínico del paciente. Para cumplir este objetivo, se necesita conocimiento. La historia científica de la medicina se caracteriza por haber prestado mucha atención a la investigación de las causas y mecanismos biológicos de la enfermedad y muy poca a la comprensión del conocimiento clínico operacional. Apenas se ha investigado sobre el proceso de la práctica clínica, y sabemos poco sobre cómo los profesionales recaban y usan la información clínica, aplican los procedimientos diagnósticos y terapéuticos, predicen los resultados, y evalúan los intereses y preferencias de 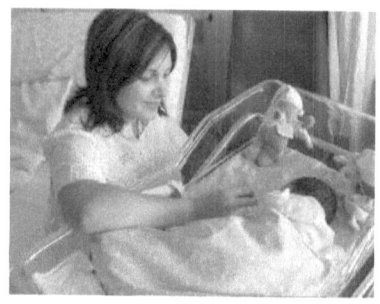 los pacientes. En definitiva, sabemos muy poco acerca de los determinantes y las consecuencias de las decisiones clínicas.

Actualmente la evidencia disponible demuestra la existencia de una enorme variabilidad en la práctica clínica, de tal forma que nuestra sociedad empieza a reconocer que un grado variable de arbitrariedad o discrecionalidad impregna las decisiones médicas y empieza a cuestionarse la idea de que esas decisiones sean, por definición, las mejores entre las posibles. La principal razón de la variabilidad reside en el régimen de incertidumbre con que se realiza la práctica clínica, y es consecuencia de la complejidad y la subjetividad del acto clínico tanto como de la escasez de "certezas" en el conocimiento clínico y la relativa imprevisibilidad de los resultados en relación con los procedimientos empleados. Aunque por la naturaleza de la práctica clínica no es posible eliminar la incertidumbre, se la puede caracterizar y cuantificar, y se pueden disminuir y minimizar sus efectos adversos mediante el conocimiento científico de la práctica clínica.

3. IMPORTANCIA DE LOS PROFESIONALES EN LOS SISTEMAS DE SALUD

Los profesionales tienen un papel muy importante en el uso y distribución de recursos de los sistemas sanitarios, y en los resultados que producen, y por lo tanto, en la economía de la sociedad.

En una aproximación superficial, parecería que las decisiones sobre recursos corresponden a los decisores políticos o gestores económicos. Probablemente sea cierto en alguna medida, pero no es menos cierto que las decisiones de los médicos son, al menos, igual de relevantes. Los profesionales tienen un papel muy importante en el uso y distribución de recursos de los sistemas sanitarios, y consecuentemente en la economía de la sociedad. Los ejemplos siguientes pueden ilustrarlo. Eisenberg ha señalado que en los Estados Unidos las decisiones de menos del 0,5% de la población (los médicos) contribuyen a un consumo de más del 10% del producto interior bruto (PIB). En España, en 1990 el gasto sanitario representó el 6,7% del PIB, y fue manejado por el 0,38% de la población (médicos), o si se quiere por el 1,13% de la población (empleados en el sector de la salud). También en España, el coste medio en recetas prescritas anualmente por tres médicos puede llegar a ser equivalente al coste de inversión de un aparato de resonancia magnética. Pero mientras que la decisión de adquirir una resonancia magnética requiere ciertos complicados mecanismos reservados a un limitado número de decisores, la prescripción de recetas no tiene importantes limitaciones en la práctica para los casi 40.000 médicos que prescriben con cargo al sistema sanitario público español.

En el año 1990, por ejemplo, la sociedad española dedicó 3,3 billones de pesetas a gasto sanitario, se produjeron más de 5 millones de ingresos hospitalarios, y más de 240 millones de consultas en régimen ambulatorio. Este impresionante volumen de costes y actividades fue realizado por 442.000 empleados en el sector de la salud, de los cuales 150.000 eran médicos. La conducta de estos cientos de miles de empleados influirá necesariamente de forma determinante en la cantidad, el tipo, y la calidad de procedimientos, y en consecuencia en el coste y en los resultados. El fundamento de las razones de la importancia de los médicos como proveedores de servicios preventivos, diagnósticos, y terapéuticos, puede ser explorado desde perspectivas de la economía y de la ética.

4. EL PAPEL DEL PROFESIONAL: UNA PERSPECTIVA DESDE LA ECONOMIA

Economía es "el estudio de cómo las personas y la sociedad eligen emplear los escasos recursos para producir y distribuir bienes para su consumo, entre personas y grupos en la sociedad."

Según la definición más aceptada, economía es "el estudio de cómo las personas y la sociedad eligen emplear los escasos recursos productivos (dinero y otros recursos), que podrían tener usos alternativos, para producir bienes y distribuirlos para su consumo, ahora o en el futuro, entre personas y grupos en la sociedad.

La economía analiza los costes y los beneficios de distintos patrones de uso de los recursos." Por lo tanto, la economía como ciencia no trata necesariamente de dinero, sino que más bien es un conjunto de métodos científicos para mejorar el uso de los recursos, que pueden ser usados de diferentes maneras para conseguir diferentes fines. La economía como disciplina trata de proporcionar conocimiento para que el conjunto de los ciudadanos obtenga el mayor grado de bienestar posible a partir de los recursos disponibles. Indiscutiblemente tal objetivo es un objetivo ético.

El contenido conceptual de la definición de economía comentada más arriba es muy superponible a las actividades que realizan los servicios de salud. En los servicios de salud, los decisores (políticos, gerentes, o médicos) y la sociedad eligen emplear unos recursos que son escasos. Los recursos pueden ser dinero, metros cuadrados, fármacos, o aparatos, y otros recursos no necesariamente obtenibles con dinero, como tiempo, conocimiento, habilidades, u órganos disponibles para trasplantes. Los escasos recursos productivos, pueden tener usos alternativos. Se pueden utilizar en tratar la enfermedad A con la estrategia X ó Y, para construir un hospital o un centro de salud, o para medicina preventiva o curativa, por ejemplo. El bien que producen los sistemas sanitarios, que podríamos llamar "salud" se distribuye ahora, en el caso de la medicina curativa, o en el futuro, en el caso de la medicina preventiva. Y también se distribuye entre personas y grupos en la sociedad. El médico, tratando paciente a paciente, está distribuyendo los recursos que la sociedad pone a su disposición entre niños y ancianos, hombres y mujeres, ricos y pobres, cultos e incultos, o entre habitantes rurales y urbanos. La forma en que se hagan todas estas cosas contribuirá a que se configuren determinados patrones de costes y resultados. Por estas razones, la economía como disciplina científica incluye entre sus aplicaciones naturales a la economía de la salud.

En un mercado "perfecto se garantiza la eficiencia técnica y la eficiencia de asignación. Pero el sector de la salud no es un "mercado perfecto." La visión de la atención de la salud desde perspectivas de la economía requiere entender algunas características de este sector. El sector de la atención de la salud considerado como "mercado" no es un mercado "perfecto." En un mercado "perfecto" el precio de los recursos y productos refleja su coste de oportunidad social, y en él se garantiza la eficiencia técnica y la eficiencia de asignación. Coste de oportunidad es el verdadero coste de realizar una actividad, es decir, el beneficio no obtenido por haber usado los recursos en la actividad decidida en lugar de haber destinado los mismos recursos en el mejor (el más altamente valorado) de sus usos alternativos. Eficiencia técnica significa que los bienes y servicios se producen de la forma más eficiente, puesto que los competidores ineficientes son eliminados por el mercado (los consumidores). Eficiencia de asignación quiere decir que los recursos disponibles son asignados a las necesidades con valoración más alta. Aunque hay dudas de que algún mercado funcione de forma perfecta, el mercado de la "atención sanitaria" tiene numerosas excepciones como para ser considerado como mercado "perfecto."

La incertidumbre, la imprevisibilidad la irracionalidad, la existencia de externalidades, y la relación de agencia hacen que el sector de la salud no sea un mercado perfecto. En los sistemas de salud, la figura de los profesionales es clave cuando se explora desde perspectivas de la economía.

Estas excepciones hacen que las reglas del mercado no funcionen en el sector de la salud, y, por lo tanto, la regulación automática por el mercado no conduce necesariamente a la eficiencia en el sector de la salud. Los economistas están de acuerdo en que las excepciones más notables del sector de la salud con respecto a un mercado perfecto son: la imprevisibilidad de la demanda, la incertidumbre de las consecuencias de las decisiones, la irracionalidad* en las decisiones de los proveedores y de los consumidores, la existencia de externalidades, y la relación agencial. En el contexto de este capítulo, la excepción más importante es la relación agencial que está basada en la asimetría de información entre el paciente y el médico. Relación agencial significa que los consumidores (pacientes) no suelen tener los conocimientos necesarios para hacer elecciones apropiadas, lo cual significa que los proveedores de salud (especialmente los médicos) se convierten en piezas clave determinando la demanda asistencial en nombre de los pacientes.

Todas las excepciones que tiene el sector de la salud como mercado perfecto, pero especialmente la relación agencial, hacen que exista una enorme variabilidad de la práctica clínica, y que la eficiencia no esté garantizada en el sector de la salud. Por lo tanto, intentar mejorar la eficiencia requiere desarrollar medidas para saber si los recursos se utilizan en la mejor de las alternativas posibles. Este conocimiento se logra mediante la evaluación socioeconómica aplicada a los servicios de salud.

EVALUACIÓN SOCIOECONÓMICA

Para lograr su misión, los servicios de salud consumen recursos, y producen unos resultados. Los recursos pueden ser utilizados de muchas formas, y por lo tanto los resultados que producirán también serán distintos. La sociedad, de alguna manera, deberá intentar que la relación entre los recursos consumidos y los resultados producidos sea la más favorable posible. Los recursos para proveer atención sanitaria son inherentemente limitados porque los recursos que la sociedad puede dedicar a la salud no son infinitos. Los recursos pueden ser muchos o pocos, pueden ser de alta o de baja calidad, pueden ser menores o mayores que los de otro país, pero siempre son limitados. El hecho de que los re-cursos sean limitados implica que no necesariamente se va a poder realizar todo lo que es técnicamente posible. Por lo tanto, de forma implícita o explícita, los decisores (médicos, gerentes, planificadores, o decisores políticos) están haciendo constantemente elecciones entre distintas alternativas.

Los resultados de una intervención pueden ser ex-presados como eficacia, efectividad, utilidad, y beneficio.

En consecuencia, el problema consiste en saber cómo deben hacerse esas elecciones. Para ayudar a elegir entre distintas alternativas, se han desarrollado métodos que en conjunto se podrían denominar evaluación socioeconómica. La evaluación socioeconómica no necesariamente tiene que ver con el dinero, y no sólo con los costes, tiene en cuenta los resultados y los costes.

La evaluación socioeconómica no es una forma de controlar el gasto, por el contrario, es una forma científica de mejorar la toma de decisiones. Ello quiere decir, que en la evaluación socioeconómica en el sector de la salud, los efectos clínicos (resultados) de una intervención deben ser claramente identificados, incluyendo cualquier incertidumbre sobre sus efectos, antes de que sean generadas las hipótesis socioeconómicas relevantes. Hay varias técnicas para realizar la evaluación socioeconómica de los servicios de salud o procedimientos médicos, pero todas tienen en común que los recursos consumidos son comparados con los resultados. Cada técnica difiere principalmente en cómo mide y valora estos resultados. Los resultados de una intervención pueden ser expresados de cuatro formas: 1) eficacia: efecto producido en la variable de interés en condiciones experimentales, ideales o de laboratorio; 2) efectividad: efecto producido en la variable en condiciones reales; 3) utilidad: cantidad y calidad de vida que un determinado procedimiento aporta a un determinado individuo; y 4) beneficio: cuando los resultados derivados de la intervención son medidos en unidades monetarias.

Eficacia

Eficacia es el efecto producido en la variable a evaluar cuando la intervención es aplicada en condiciones ideales o de laboratorio.

Eficacia es el efecto producido en la variable a evaluar cuando la intervención es aplicada en condiciones ideales o de laboratorio. Cuando un procedimiento es evaluado mediante un ensayo clínico de diseño aleatorio, y es aplicado por equipos bien formados y entrenados, con buenas instalaciones, con criterios de selección y exclusión de pacientes, y con seguimiento riguroso, se está evaluando el procedimiento en condiciones óptimas, ideales, o de laboratorio. Si medimos los efectos conseguidos en estas condiciones, estamos analizando la eficacia.

El análisis de la eficacia, por lo tanto, responde a preguntas como ¿cuánto disminuye la tensión arterial en los pacientes hipertensos tratados con la droga A comparada con la disminución de la tensión arterial de los pacientes tratados con la droga B en un trabajo experimental? O ¿qué probabilidad de supervivencia tienen a los N años los pacientes sometidos al procedimiento X según el ensayo clínico de diseño aleatorio realizado en el hospital Y, donde tienen una excelente organización, gran experiencia, y la mejor tecnología disponible?

En las tecnologías terapéuticas, la variable a evaluar puede ser la tensión arterial, el grado de estenosis coronaria, la obstrucción al flujo aéreo, la supervivencia a los cinco años, presencia de síntomas, o variables similares. Por lo tanto las unidades de la eficacia pueden ser, respectivamente, milímetros de mercurio, porcentaje de estenosis, litros por segundo, probabilidades (de sobrevivir, de estar libre de síntomas), y otras unidades naturales intermedias de salud de esta naturaleza. En las tecnologías diagnósticas, la variable suele expresarse en términos de probabilidad o de ratios, por ejemplo sensibilidad, especificidad, valor predictivo positivo, valor predictivo negativo, o cociente de probabilidades. Una de las limitaciones del análisis de la eficacia es que representa los resultados obtenidos en condiciones óptimas, o de laboratorio, por lo tanto, su generalización es cuestionable.

Efectividad

Efectividad es el resultado obtenido cuando el procedimiento es aplicado en condiciones habituales, en la práctica cotidiana.

Efectividad es el resultado obtenido cuando el procedimiento es aplicado en condiciones habituales, en la organización real, con los medios disponibles, sin seleccionar a los pacientes, es decir, en la práctica real del día a día. La diferencia entre eficacia y efectividad depende de las condiciones en que se aplica la tecnología. La efectividad se mide en las mismas unidades que la eficacia, es decir, milímetros de mercurio, litros por segundo, casos diagnosticados, casos evitados, vidas salvadas, años de vida ganados, y unidades similares.

El análisis de la efectividad responde a preguntas como ¿cuánto disminuye la tensión arterial en los pacientes tratados con la droga A en relación con la droga B en España? O ¿qué probabilidad de supervivencia tienen a los N años los pacientes sometidos al procedimiento X en el hospital Y? La generalización de los resultados es menos problemática que en el caso de la eficacia puesto que en el análisis de efectividad, el estudio se realiza en condiciones "reales," pero a pesar de ello, la efectividad de una tecnología en un centro puede ser distinta de la efectividad en otro centro.

La diferencia entre eficacia y efectividad puede ser ilustrada con el siguiente ejemplo. Supongamos que un artículo publicado en una excelente revista médica internacional basado en un ensayo clínico de diseño aleatorio demuestra que la eficacia de una estrategia para el manejo de la hipertensión arterial es del 70%. Es decir, dicha estrategia normaliza la tensión arterial en el 70% de los pacientes hipertensos.

Al leer el artículo, un gerente de un centro de salud decide implantar en su medio la misma estrategia para el manejo de la hipertensión arterial. Supongamos que en el centro tienen acceso al programa de manejo de la hipertensión arterial el 80% de los pacientes. Supongamos que los médicos, que están tratando pacientes, pero que no están realizando ningún ensayo clínico sobre hipertensión arterial, diagnostican bien la hipertensión al 80% de los pacientes. Supongamos que los médicos del centro de salud, disponen de tiempo y dispositivos organizativos para explicar y prescribir correctamente el tratamiento antihipertensivo, que se compone de dieta, ejercicio, y medicación, al 80% de los pacientes. Finalmente, supongamos que el 80% de los pacientes cumplimentan bien el tratamiento. Con estas suposiciones, que no son pesimistas, la eficacia (efecto conseguido en el experimento) del 70% se traduce en una efectividad (efecto conseguido en condiciones reales) del 29% (70x0, 8x0, 8x0, 8x0, 8=29). En este ejemplo, la efectividad está por debajo de la eficacia.

Si un ensayo clínico demuestra un determinado índice de eficacia, no necesariamente se reproducirá ese mismo índice en la práctica cotidiana, es decir en la efectividad.

Calidad de vida. Utilidad.

Utilidad es una forma de medir los resultados cuando se expresan en unida-des que combinan la calidad y cantidad de vida.

El verdadero interés del paciente, cuando le es aplicada una tecnología, es el bienestar que va a obtener, es decir, la calidad de vida que gana y el tiempo que mantendrá esa calidad de vida por el hecho de haberle sido aplicada dicha tecnología. El análisis de la efectividad mide los resultados con unidades naturales, como unidades físicas, o probabilidades, pero no es capaz de predecir la verdadera "utilidad" para el paciente. Para ello, se han desarrollado instrumentos que miden el resultado con dos dimensiones: la calidad de vida y su duración. Esta forma de medir los resultados se llama utilidad. Utilidad es un término usado por los economistas de la salud para referirse al estado subjetivo de bienestar que las personas experimentan en diferentes estados de salud. El análisis de utilidad intenta responder a preguntas como ¿cuál es la calidad de vida que mantienen durante cuánto tiempo los pacientes a quienes se les ha aplicado la tecnología X?

Una de las unida-des más usadas para medir la utilidad son los "años de vida ajustados por calidad."

Aunque la mayor parte de los estudios comparan los resultados de los procedimientos en términos de eficacia o efectividad, en los últimos años se ha progresado considerablemente en el análisis de utilidad. La importancia de la calidad de vida es cada vez más relevante tanto en la conciencia de los pacientes como para los sistemas de salud que están cada vez más orientados no sólo a aumentar la supervivencia, sino a aumentar la calidad de vida. Por estas razones se han desarrollado numerosos instrumentos para medir la calidad de vida. Uno de los instrumentos más utilizados para medir la utilidad son los QALYs (Años de Vida Ajustados por Calidad). Comparar los resultados de dos intervenciones en QALYs informa no sólo sobre cuál de las dos intervenciones produce más tiempo de supervivencia, sino además cómo es la calidad de vida de la supervivencia obtenida. Los QALYs son una de las unidades más conocidas como medida de utilidad, pero existen otras menos difundidas.

Beneficio

Beneficio es una forma de medir los resultados de una intervención expresados en unidades monetarias.

La eficacia, efectividad, o utilidad, miden los resultados de las intervenciones médicas en unidades no monetarias. Sin embargo, en algunas ocasiones, podría tener interés expresar los resultados en unidades monetarias.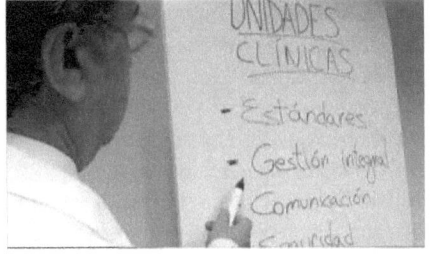
Cuando los resultados de una intervención se miden en unidades monetarias, a los resultados se les llama beneficio. La limitación más importante de os análisis de beneficio es la dificultad, y en muchas ocasiones la imposibilidad, de traducir los resultados de una intervención en unidades monetarias. La dificultad básica consiste en las asunciones sobre juicios de valor para valorar ciertos resultados, como por ejemplo asignar un valor monetario a una vida humana, a la pérdida de un brazo, o a la sordera. Se pueden asignar valores en relación con el salario del paciente u otras consideraciones, pero cualquier asignación es siempre motivo de controversia. Además hay beneficios (y costes) intangibles que no pueden ser traducidos a valor monetario, como el sufrimiento, la soledad, o el dolor.

La eficiencia

La eficiencia es una forma de análisis económico en la que se responde a la pregunta del coste en que se incurre para producir una unidad de resultado.

Para avanzar conceptualmente sobre el significado de la eficiencia se debe tener presente el objetivo de la organización. El objetivo de los sistemas de salud es aumentar la salud de la población de tal manera que se maximice el impacto sobre el estado de salud de la población a partir de los recursos disponibles. En consecuencia, se entiende por eficiencia la relación entre los resultados obtenidos y el coste (de oportunidad social) de los recursos consumidos para obtener los resultados. Como los resultados pueden ser medidos de varias formas (eficacia, efectividad, utilidad, y beneficio), se configuran cuatro formas de análisis de la eficiencia: análisis coste-eficacia, coste-efectividad, coste-utilidad, y coste-beneficio (gráfico 1). Existe una quinta forma de análisis de la eficiencia que se puede aplicar cuando se tenga certeza de que los resultados de las intervenciones son idénticos. En este caso, el análisis ce la eficiencia consiste en analizar los costes, y a esta forma de análisis se la denomina análisis de minimización de costes.

En general, los análisis de eficiencia se llevan a cabo mediante el cálculo de un cociente en el que el numerador son los costes y el denominador, los resultados. De esta manera se informa sobre el coste de salvar una vida, curar una neumonía, o disminuir un mm de mercurio la media de la tensión arterial, con cada una de las estrategias comparadas. El análisis de coste-beneficio se puede realizar también por diferencia, de esta manera se informa sobre el beneficio neto de las alternativas comparadas. Esta técnica analítica se puede realizar porque los costes pueden ser considerados como beneficios negativos. En principio, no necesariamente una forma de análisis de la eficiencia es superior a las demás, sino que la elección de una forma u otra de análisis de la eficiencia dependerá de los objetivos del estudio.

5. EL PAPEL DEL CELADOR: UNA PERSPECTIVA DESDE LA ETICA

La ética podría ser definida en un sentido amplio como el conjunto de principios y reglas morales que regulan el comportamiento y las relaciones humanas.

La ética puede ser conceptualizada desde diversos puntos de vista, y por lo tanto puede ser definida de varias maneras. El diccionario de la lengua española de la Real Academia Española define la ética como *"parte de la filosofía que trata de la moral y de las obligaciones del hombre."* El diccionario de uso del español de María Moliner define ética como *"parte de la filosofía que trata del bien y del mal en los actos humanos"* y como el *"conjunto de principios y reglas morales que regulan el comportamiento y las relaciones humanas."* El diccionario Webster ofrece las siguientes definiciones de ética: "disciplina que se ocupa de lo que es bueno y malo y con el deber y la obligación moral;" "conjunto de principios o valores morales;" "teoría o sistema de valores morales;" y "principios que guían el gobierno de un individuo o de un grupo (ética profesional).

La ciencia está basada en dos valores éticos fundamentales: la veracidad y el beneficio para otros. Reiser y Heitman, en una reflexión sobre los valores éticos de la ciencia, definen la ética como la "disciplina que establece criterios y métodos para decidir si las acciones son correctas o equivocadas." Para ello, la ética define los valores esenciales que guían hacia las acciones correctas, y establece reglas, pautas, y políticas que conducen y sustentan tales valores. El conocimiento del ámbito y del discurso de la ética es clave para los profesionales relacionados con la ciencia (y desde luego los profesionales de la salud lo son) porque la ciencia en sí misma está fundamentalmente basada en valores éticos, especialmente en la veracidad y en el beneficio para otros. El valor de la veracidad se basa en que la ciencia trata de producir conocimiento que represente la comprensión de cómo son las cosas. La veracidad implica primero, que la adecuada transmisión de conocimiento depende de la objetividad y de la abierta comunicación, y segundo, que el aprendizaje debe basarse en métodos de verificación capaces de eliminar sesgos, y en el intercambio abierto de nuevos métodos y hallazgos. El valor de la ciencia para beneficiar a otros ha sido reconocido desde la antigüedad, dado que se ha asumido que el conocimiento y la verdad son inherentemente buenos y son una fuente de bien. Históricamente, la capacidad de beneficiar a la humanidad ha sido considerada como una marca importante del conocimiento y como una medida de su valor.

Los principios éticos en la práctica médica se pueden sintetizar en tres: beneficencia, autonomía y justicia.

En nuestro medio, Diego Gracia ha realizado importantes aportaciones en el avance de la ética partiendo de una exploración científica de la historia del pensamiento, de la historia de la medicina, y específicamente de la historia de la ética. Uno de los puntos de partida más interesantes es la aportación de Hipócrates a la ética médica. El punto de vista de los médicos hipocráticos, como científicos conscientes y autocríticos en el mundo clásico, sigue teniendo validez en la actualidad.

El juramento hipocrático proclama una serie de estándares éticos para guiar a los médicos en la aplicación de su conocimiento, y define la relación entre conocimiento ético y tecnológico. El juramento declara que los métodos y las tecnologías en medicina no deben ser enseñados a menos que se acepten los principios éticos del juramento como guía para su uso. La fórmula era simple: el conocimiento técnico y la autoridad no pueden ser ejercitados en ausencia de responsabilidad ética. La habilidad técnica era insuficiente para crear un médico, se necesitaba, además, aprendizaje ético y humanístico.

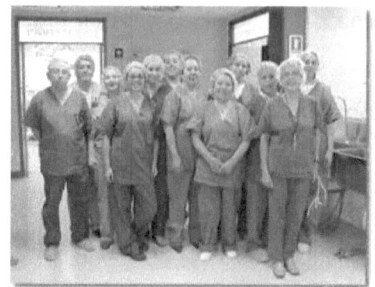

Desde Hipócrates, la ética de la práctica médica se basa en seis principios éticos (preservar la vida, aliviar el sufrimiento, no hacer daño, decir la verdad al paciente, respetar la autonomía del paciente, y tratar a los pacientes con justicia).

Estos principios pueden ser resumidos en tres: 1) principio de beneficencia (incluye los principios hipocráticos de preservar la vida, aliviar el sufrimiento, no hacer daño); 2) principio de autonomía (incluye los principios de decir la verdad al paciente y respetar la autonomía del paciente); y principio de justicia. Algunos autores mantienen cuatro principios éticos porque el principio hipocrático de no hacer daño le consideran independiente del principio de beneficencia. Al principio hipocrático de "no hacer daño" le dan el nombre de principio de "no maleficencia."

Según el principio de beneficencia los beneficios para el paciente deben ser superiores a los riesgos.

Según el principio de beneficencia, los beneficios☐ para los pacientes derivados de la aplicación de una tecnología o procedimiento deben ser superiores a sus riesgos. La aplicación de cualquier tecnología médica conlleva cierto riesgo para el paciente, pero si los esperados beneficios son mayores que los probables riesgos no se plantea conflicto ético en el principio de beneficencia. El problema es que antes de aplicar la tecnología a un paciente concreto, los riesgos y beneficios son, en el mejor de los casos, conocidos tan sólo en términos probabilísticos. De tal forma que en el principio de beneficencia se configura el binomio proporcionado/desproporcionado, es decir, que debe existir una proporción razonable entre los probables riesgos y los probables beneficios. Por lo tanto, en este principio ético el decisor clave es el médico, que es quien conoce el balance entre riesgo y beneficio para el paciente.

Según el principio de autonomía hay que informar adecuadamente al paciente y respetar las decisiones del paciente.

El principio de autonomía indica que hay que informar adecuadamente al paciente y respetar su decisión en cuanto a la aplicación de la tecnología elegida. En algunas ocasiones, por ejemplo, cuando el paciente tiene problemas de consciencia, el acto positivo de aceptar la aplicación de un procedimiento puede no ser posible. En estos casos, en los que no es posible la "aceptación reflexiva," algunos autores sugieren como criterio la decisión basada en el "no rechazo." Pero fuera de estos casos excepcionales, uno de los aspectos clave en la aplicación de este principio es la natural variabilidad en las decisiones de los pacientes. Dos pacientes con la misma condición clínica y enfrentada a la aplicación del mismo procedimiento pueden optar por decisiones diferentes. Ello es debido a varias razones, pero las más importantes son dos: por un lado los valores de los pacientes pueden ser diferentes; por otro lado, la actitud ante el riesgo en relación con los beneficios que aporte la aplicación de una tecnología puede ser también diferente entre distintos pacientes. De esta forma se configura el binomio ordinario/extraordinario, que de alguna manera evalúa la medida en que la aplicación de un procedimiento es un proceso ordinario o extraordinario para un paciente concreto, y también que lo que es ordinario para un paciente puede ser extraordinario para otro.

En el principio de autonomía, el decisor es, en teoría, el paciente. Sin embargo, en la mayoría de los casos el paciente no suele disponer de información suficiente y apropiada para tomar su decisión. En consecuencia o deja la decisión en manos del médico, o bien decide a través de la información y consejos del médico, de manera que en la práctica es el médico, o su influencia, quien tiene el papel relevante en el principio de autonomía. Este hecho implica que si no se desarrolla el principio ético de autonomía, se corre el riesgo de que el médico des-arrolle el defecto moral simétricamente opuesto que es el paternalismo.

Según el principio de justicia, una actuación no es ética si no está disponible para todas las personas que lo necesitan.

El tercer principio es el principio de justicia, según el cual, una actuación no es ética si no es equitativa, es decir, si no está disponible para todos aquellos que lo necesiten. Asegurar la igualdad de oportunidades de todos los ciudadanos sin ningún tipo de discriminación y evitar las interferencias económicas, son aspectos éticos fundamentales en el acceso a los procedimientos médicos efectivos. Si se pretende aplicar atención beneficiosa (principio de beneficencia) a todos los pacientes que lo necesiten (principio de justicia) es posible que no se disponga de recursos o del tiempo necesario para hacerlo. Por lo tanto puede aparecer un conflicto entre ambos principios éticos. Dicho de otro modo, en el principio de justicia se configura el binomio eficiencia/equidad, que en el ámbito de la relación médico-paciente, significa que intentar la eficiencia en un paciente concreto, puede comprometer el acceso de otros pacientes a la misma prestación sanitaria.

El conflicto que puede surgir en el plano de la ética entre el principio de beneficencia y el de justicia es equivalente al conflicto que surge entre la eficiencia y la equidad en el plano de la economía.

El médico, en su afán por aportar el mejor y máximo cuidado a un paciente concreto, puede, inadvertidamente, estar evitando la disponibilidad de recursos para otro paciente que necesite ése u otro cuidado. Si un médico dispone de 6 horas para pasar consulta y tiene 20 pacientes y dedica al primer paciente una hora, está aplicando el principio de beneficencia con ese paciente. Sin embargo, inevitablemente al resto de los pacientes les va a dedicar menos tiempo, por lo tanto, está comprometiendo el principio de justicia. Lo mismo ocurre si llegan dos pacientes al servicio de urgencias y sólo hay cama en el hospital para uno. O si hay dos pacientes para ser operados, a alguno habrá que operar primero. De tal forma que, aunque en teoría, el decisor en el principio de justicia es el político o la persona responsable en la asignación de recursos, el médico ejerce un papel muy relevante en la regulación práctica del acceso de los pacientes a los procedimientos, y por lo tanto, el médico tiene también un peso fundamental en la aplicación en la práctica del principio de justicia.

En los sistemas de salud, la figura del médico es clave cuando se explora desde perspectivas de la ética.

Esta exploración, desde perspectivas de la ética, muestra la importancia y responsabilidad ética del médico en el uso de los procedimientos médicos. Pero a la vez subraya la responsabilidad de los que toman decisiones en política de salud y en asignación de recursos, puesto que deben propiciar el desarrollo de procedimientos efectivos (principio de beneficencia), informar a los pacientes y ciudadanos y promover su participación (principio de autonomía), y desarrollar un sistema de acceso equitativo (principio de justicia).

Como consecuencia de lo explorado hasta ahora, se concluye que el papel del médico en los sistemas de salud es muy relevante, tanto si se explora su papel desde perspectivas de la ética como cuando se explora desde la perspectiva de la economía. En los principios de la ética médica, la actitud del médico es fundamental. En los servicios de salud, el papel del médico como agente en el contexto de las excepciones de los servicios de salud como mercado perfecto, es también fundamental.

De manera que si aceptamos que el médico es una figura clave en los sistemas de salud, resulta crítico entender cuáles son las motivaciones del médico, cómo el médico valora la forma en que la organización compensa sus motivos, y cuál es el compromiso resultante del médico con la organización a la que sirve.

Además, un aspecto central en las consideraciones clínicas, económicas y éticas sobre la toma de decisiones de los médicos son los incentivos en la medida que configuran o se adaptan a la motivación de los profesionales.

6. LA MOTIVACION HUMANA.

La motivación es el impulso en el ser humano que le lleva a actuar para satisfacer unas necesidades.

En general se admite que las personas trabajan para satisfacer sus necesidades. De manera que se puede aceptar como definición de motivación "el impulso en el ser humano que le lleva a actuar para satisfacer unas necesidades." La controversia aparece cuando se intenta concretar cuáles son esas necesidades. Se ha tratado mucho de conocer esas necesidades y de establecer su peso en el comportamiento humano, por ello se han ido elaborando diversas teorías sobre la motivación humana. Sin embargo, la mayoría de las teorías han tenido un enfoque excesivamente teórico y han sido poco útiles para la conducción práctica de la acción. Además, se ha investigado poco sobre la realidad de la motivación humana y bastante menos sobre la motivación de los profesionales de la salud.

Los sistemas de salud se dedican a producir servicios para satisfacer necesidades humanas externas, es decir de los ciudadanos. Pero los servicios se producen porque las personas que trabajan en el sistema de salud lo hacen posible, y estas personas también tienen unas necesidades. Si la organización funciona bien, será capaz de generar suficientes valores y obtener suficientes recursos para satisfacer las necesidades de los que contribuyen con su trabajo a generar valores y obtener recursos. De otra forma, la organización no podrá satisfacer lo suficiente a sus profesionales para inducirles a trabajar a cambio de lo que pueda darles.

Cuando pensamos en las razones por las cuales las personas trabajan, de una forma casi automática pensamos en el dinero. Sin embargo, muchas personas no cambiarían de trabajo simplemente porque las paguen más. Algunas personas tienen en cuenta si el trabajo les gusta, si es creativo, si produce algo útil, u otras consideraciones. Estas reflexiones tan triviales y de sentido común no son fáciles de tener en cuenta cuando se elaboran teorías sobre la motivación humana. Por ello, no es de extrañar que hasta muy recientemente se haya prescindido de consideraciones clave en la formulación de las teorías sobre el trabajo humano en las organizaciones.

6.1. Los modelos mecanicistas

Los modelos mecanicistas se basan en el principio de que las personas trabajan por dinero.

Los primeros científicos que abordaron el análisis de lo que han de hacer las empresas, en particular, o las organizaciones, en general, tendieron a dejar de lado la cuestión de cómo conseguir que las personas estuviesen motivadas para realizar el trabajo que las organizaciones les pedían. Es decir, tendían prescindir en sus análisis de la cuestión de por qué una persona decidiría cooperar con la organización en lugar de decidir no hacerlo. En las primeras teorías esta cuestión era tan trivial que no merecía la pena analizarla: las personas trabajan por dinero. De manera que empezaron a publicarse una gran cantidad de trabajos teóricos que intentaban explorar las respuestas a cuestiones como las siguientes: a) cómo definir qué es lo que cada persona ha de hacer en la organización para que ésta marche bien; b) cómo conseguir que cada persona sepa qué se espera que haga y sea capaz de hacerlo; y c) cómo conseguir que cada persona quiera efectivamente hacer lo que se le pide, dado que eso depende tan sólo de las cosas que la empresa pueda ofrecerle a cambio.

Los trabajos teóricos en el modelo mecanicista se centran en planificar, comunicar la acción, y motivar, pero ignoran la interrelación entre estos aspectos.

El contenido de estos trabajos trata sobre cómo planificar la acción, cómo comunicar la acción individual requerida, y cómo motivar a los individuos. En general, estos aspectos del funcionamiento de las organizaciones están interrelacionados. Por ejemplo, lo que se planifique o cómo se comunique influirá en la motivación. Sin embargo, estas complejas interacciones eran ignoradas en los primeros trabajos sobre la motivación en las organizaciones, y trataban cada aspecto aislándole de los otros, como si fuesen independientes unos de otros. Todos estos análisis, a pesar de su aparente diversidad, tienen una concepción común, un paradigma de base, en su forma de concebir la organización. A esta concepción de la organización se la llama modelo mecanicista.

En el modelo mecanicista de la organización, el problema de la motivación de las personas se contempla como qué y cuánto hay que dar a una persona para que se decida a hacer el trabajo que su organización le pide. Es un problema de cuáles han de ser los incentivos y su cuantía. En estos modelos se trivializa el problema y se piensa que a efectos prácticos el dinero es un motivador universal y que, por lo tanto, lo único que merecía la pena ser estudiado era cuánto valdría la pena pagar a cambio de un cierto trabajo. Surgen así numerosos estudios, entre los que destacan los de Taylor, sobre incentivos (entendiendo por tales únicamente la retribución) y el modo de relacionar su cuantía con la producción (el trabajo requerido).

La observación de que el dinero no es un motivador universal y que las personas buscan otras cosas fue evidenciando las limitaciones de los modelos mecanicistas.

Sin embargo, pronto se hizo evidente que sólo con dinero no se conseguía motivar a las personas. El análisis de estos fenómenos fue convirtiendo en una evidencia científica que en la empresa, el dinero no es un motivador universal, que la gente busca "otras cosas," y que a veces no sacrifican estas "otras cosas" a cambio de dinero. Por este camino se inician una serie de  descubrimientos en los que aparecen desde la importancia de las condiciones de trabajo hasta las actitudes de los mandos que supervisan, pasando por la influencia del reconocimiento de los éxitos conseguidos por el trabajador, entre otros factores.

Sin embargo, estos descubrimientos, en muchas ocasiones, se concretaban en técnicas manipulativas basadas en una psicología superficial. Pero también se empieza a manejar una concepción más profunda del trabajador. Se toma conciencia, al menos a nivel científico, de la necesidad de tener en cuenta las dimensiones psicológicas del trabajador a la hora de motivarle en su trabajo. Se realizan numerosos estudios que intentan explorar el papel de otros factores, además del dinero, que influían en la productividad de los trabajadores y su relación con la satisfacción y la motivación.

El más clásico de estos trabajos, realizado a principios de los años treinta en la planta Hawthorne de la Western Electric Company, tuvo cuatro fases: en la primera se centraron en la productividad de los trabajadores; de esta fase pasaron a analizar la satisfacción de los trabajadores; más adelante analizaron la motivación; finalmente, comprendieron que la productividad, la satisfacción, y la motivación estaban estrechamente relacionadas entre sí, que había que contemplarlas conjuntamente, y que las relaciones no eran fáciles de analizar. Los experimentos de Hawthorne concluyeron que importantes estímulos, que afectaban a la satisfacción de los trabajadores y a su motivación para trabajar, no procedían de la propia empresa. Surgían de la situación social o psicológica del trabajador, y que el propio trabajo creaba y modificaba.

6.2. Los modelos psicosociológicos

En el modelo psicosociológico, la empresa es un organismo social en el que las personas participan para con-seguir incentivos monetarios y satisfacer otras necesidades.

Mediante los trabajos mencionados más arriba, fue naciendo, tanto entre los estudiosos del tema como entre los hombres prácticos, una nueva concepción de la empresa. Frente a la concepción mecanicista aparece la concepción psicosociológica. A la empresa se la concibe como un organismo social en el que las personas participan para conseguir no sólo unos incentivos, sino también para satisfacer otras necesidades. En definitiva, a los incentivos ofrecidos por la empresa se les deja de considerar la única causa la motivación de la persona. De esta manera, en la década de los cuarenta, al menos el mundo académico y los directivos cultos, abandonan la idea ingenua de los modelos mecanicistas, y se preguntan por las necesidades que el ser humano busca satisfacer a través de su trabajo.

Estos temas fueron explorados por Chester I. Bernard en su obra The Functions of the Executive, publicada en 1938, en la que aborda con madurez la necesidad de investigar profundamente sobre el ser humano y sobre lo que le mueve a actuar. Con esta toma de conciencia para elaborar una auténtica teoría que permita comprender la motivación y mejorar las acciones prácticas en las empresas, se abordan una multitud de investigaciones cuya concepción de fondo ya no es mecanicista, sino psicosociológica.

Estas investigaciones estudian a las empresas como un organismo social en el que se producen y distribuyen bienes económicos, pero cuya realidad completa no puede ser captada ni entendida si se observan sólo los procesos que tienen lugar en el plano económico. En las consideraciones sobre la motivación de las personas para trabajar en las organizaciones se empiezan a tener en cuenta los trabajos de algunos científicos, sobre todo del campo de la psicología. Estos trabajos se centran en general en las motivaciones humanas sin referirse específicamente al mundo de la empresa. Tal vez el trabajo de mayor influencia haya sido el del psicólogo norteamericano Abraham Harold Maslow.

La teoría de Maslow

Maslow describe su teoría de la motivación en su obra Motivation and Personality (1954). La teoría de Maslow consta de dos partes: la primera establece una jerarquía de las necesidades humanas; la segunda parte postula un dinamismo por el que aparecen las motivaciones para satisfacer aquellas necesidades.

Las necesidades las clasifica en cinco tipos:

0.   Fisiológicas: alimento, agua, descanso, protección contra los elementos de la naturaleza, y necesidades básicas de este tipo.

1.   De seguridad: protección contra posibles privaciones y peligros.

2.   De pertenencia (sociales): por ejemplo, dar y recibir afecto, o sentirse aceptado por otros.

3. Autoestima: estimación propia (confianza en sí mismo, competencia profesional, conocimiento) y estimación por parte de los demás de las cualidades propias.

4. Autorrealización: lograr el desarrollo y utilización de las potencialidades que tiene la persona.

En cuanto al dinamismo por el que aparece la motivación para satisfacer esas necesidades, Maslow postula que la motivación para satisfacer una necesidad de tipo superior tan sólo aparece y es operativa cuando están satisfechas las necesidades de tipo inferior (gráfico 2). Por ejemplo, una persona estará motivada para satisfacer sus necesidades de seguridad cuando tiene razonablemente satisfechas las necesidades fisiológicas, y así sucesivamente. De manera que buscará satisfacer sus necesidades de autorrealización cuando tenga satisfechas las cuatro anteriores.

Por lo que se refiere al dinamismo postulado para explicar la aparición de la motivación operativa en una persona, el modelo de Maslow es aún más débil. Es fácil observar que en muchos casos, las personas se mueven para satisfacer necesidades de tipo superior, y con motivaciones tan fuertes que las llevan a aceptar cualquier sacrificio para satisfacerlas, en condiciones de casi absoluta insatisfacción de otras necesidades inferiores. Precisamente esto suele suceder en los casos de personas que admiramos, que suelen destacar por la gran calidad humana que se percibe a través de sus acciones.

Maslow era muy consciente de las limitaciones de su enfoque: siempre sostuvo que su intento de teoría era útil como marco para futuras investigaciones. Pero muchos autores han simplificado y trivializado el verdadero sentido del modelo de Maslow para dar un cierto soporte al desarrollo de técnicas que buscaban unos fines prácticos inmediatos.

La teoría de Herzberg

Según Herzberg en la motivación influyen los factores de higiene (necesidades inferiores), y los factores propiamente motivadores (necesidades de jerarquía superior).

La obra de Maslow se mueve en el ámbito general de la psicología individual sin referencia específica a la empresa. A finales de los años cincuenta, y a lo largo de los sesenta, Frederick Herzberg formula su teoría, llamada frecuentemente higiene-motivación, acerca de los motivos que influyen en el trabajo de las personas en las organizaciones.

En muchos aspectos, la teoría de Herzberg incluye elementos que están presentes en la teoría de Maslow ya que propone dos tipos de factores que influyen en la motivación: los factores de higiene y los factores propiamente motivadores. En los factores de higiene, Herzberg incluye los que afectan a las necesidades de jerarquía inferior (por ejemplo, sueldo, supervisión técnica, condiciones de trabajo, o reglamentaciones, entre otros). Los factores motivadores aparecen elementos de jerarquía superior (por ejemplo, posibilidades de logro personal, reconocimiento de los logros, naturaleza de la propia tarea, o responsabilidad, entre otros de este tipo).

En la teoría de Herzberg, la satis-facción de las necesidades inferiores no necesaria-mente produce una motivación positiva.

La teoría de Herzberg tiene grandes similitudes con la teoría de Maslow, y también importantes diferencias. Las diferencias se deben al sentido más restringido de la teoría de Herzberg, que se centra en la motivación para realizar un trabajo en el seno de una organización, no en la motivación en general como elemento impulsor de la acción humana, que es el marco conceptual de la teoría de Maslow.

Así, mientras que en Maslow cualquier necesidad no satisfecha puede motivar la acción, para Herzberg tan sólo motivan positivamente hacia la realización del trabajo los que él llama factores motivadores. La falta de un nivel adecuado en los factores de higiene causa simplemente insatisfacción en el trabajador. Esa insatisfacción desaparece si estos factores se corrigen llevándolos al nivel adecuado o sobrepasando dicho nivel. Pero la desaparición de la insatisfacción no significa que se origine una motivación positiva hacia una mejor realización del trabajo. Según Herzberg, el logro de altos grados de motivación, satisfacción y desempeño del trabajo sólo se consigue a través de los factores motivadores.

Esta postura de Herzberg es la que se encuentra en la base de todos los programas de "enriquecimiento de la tarea," que tan amplia difusión han tenido en las empresas como procedimiento para motivar a las personas hacia una mayor productividad, compatibilizándola con una mayor satisfacción en el trabajo.

Probablemente, la disparidad más profunda entre ambas teorías se encuentra en el punto más débil de la teoría de Maslow: el dinamismo que éste postula respecto a la aparición de las motivaciones para satisfacer necesidades de orden superior. Herzberg no entra en esta cuestión porque no es necesaria para establecer sus conclusiones, pero de su estudio se concluye que una persona puede tener necesidades no satisfechas en las áreas de higiene y motivadoras simultáneamente y puede ser motivado por factores motivadores, aunque no esté plenamente satisfecho por los de higiene.

McGregor: Teoría X y Teoría Y

McGregor describe un modelo de motivación sustentado en la teoría X, la teoría Y, y la relación entre ambas.

Douglas McGregor elabora una teoría más completa intentando sintetizar las teorías anteriores. McGregor propone la teoría X y la teoría Y como enfoques alternativos de la dirección en su obra The Human Side of the Enterprise. En esta obra, McGregor reconoce que en el núcleo de cualquier teoría acerca de cómo dirigir a las personas se incluyen siempre unos supuestos acerca de la motivación humana. En consecuencia, desarrolla la teoría Y que es en definitiva una teoría de dirección basada en una concepción de la empresa como organismo social, es decir un paradigma psicosociológico. La teoría Y aparece como opuesta a la teoría X, la cual corresponde a la concepción de la dirección propia de un modelo o paradigma mecanicista de la empresa.

La teoría X está basada en el modelo mecanicista, y la teoría Y en el modelo psicosociológico. Para McGregor, las personas tienen motivos extrínsecos (teoría X) y motivos intrínsecos (teoría Y).

En una elaboración posterior, McGregor establece una distinción muy importante entre los factores que afectan a la motivación: factores extrínsecos y factores intrínsecos. Los factores extrínsecos son los que suelen estar asociados con la satisfacción de las necesidades inferiores de la jerarquía de Maslow, y pueden ser controlados "desde fuera" del individuo: constituyen compensaciones, incentivos, castigos, o privaciones que "alguien" desde fuera de la persona le da o le quita para controlar su actuación.

Los factores intrínsecos, por el contrario, están más bien ligados a la satisfacción de las necesidades superiores de la persona, y ésta los consigue como resultado directo de su propio esfuerzo, es decir son consecuencias inherentes al propio desarrollo de la actividad. El sentido de logro, los retos, el aprendizaje, la satisfacción de sentirse responsable de algo, son ejemplos de estos factores intrínsecos. Para McGregor, estos factores que motivan intrínsecamente para el desarrollo de un trabajo son propiedad de un sistema humano y representan una fuerza potencial que no está en los sistemas mecanicistas, en los que la acción ha de ser movida por factores extrínsecos.

La teoría Y concibe al directivo como alguien que no sólo motiva ofreciendo estímulos externos, sino que, sobre todo, es capaz de encauzar la energía del ser humano para automotivarse por los resultados intrínsecos de la acción. McGregor no llega más allá, se limita a apuntar la conexión entre los factores extrínsecos y las necesidades inferiores de Maslow y los factores higiénicos de Herzberg, mientras que los factores intrínsecos los encuentra relacionados con las necesidades superiores de Maslow y los factores motivadores de Herzberg.

La correspondencia, sin embargo, no es exacta, y, por otra parte, el dinamismo por el que Maslow explica la aparición de la motivación hacia la satisfacción de una necesidad de orden superior no es plenamente asumido por McGregor.

Limitaciones del modelo psicosociológico

Los modelos psicosociológicos están limitados por la metodología utilizada, y por la carencia de una teoría de base antropológica. Las teorías mencionadas permiten hablar de un paradigma común en el análisis de las organizaciones: el paradigma psicosociológico. En este paradigma se incluyen unas ideas sobre la motivación que responden a una imagen de la persona de base psicológica. Las teorías del modelo psicológico expuestas, y otras afines, tienen dos limitaciones:

Las limitaciones de la metodología inductiva para avanzar en la comprensión de los fenómenos humanos.

El recurso a un modelo psicológico del ser humano que carece de una base antropológica, que permita abordar cuestiones fundamentales (como persona, libertad, y otras de las que ya hablaba Chester I. Bernard).

Utilizando los descubrimientos de estos autores, se ha avanzado en una teoría de la motivación de base antropológica que viene a completar las teorías previas.

6.3. El modelo antropológico o humanista

Este modelo permite explicar los fenómenos de identificación de las personas con las empresas, el desarrollo de la lealtad hacia las organizaciones, relaciones entre autoridad y liderazgo, y temas relevantes que constituyen el interés dominante tanto de los directivos como de los que teorizan e investigan sobre las organizaciones en nuestros días. El impulso más importante en el desarrollo de este modelo conceptual lo dieron Juan Antonio Pérez López y Ochi, investigadores de la Universidad de Harvard, y en la actualidad es el modelo más admitido.

El modelo antropológico, además de los factores motivadores de los modelos psicosociológicos, tiene en cuenta como elemento motivador el resultado de la acción para terceras personas (motivos trascendentes).

Según las ideas de McGregor, la motivación podía ser provocada por la búsqueda de unas consecuencias extrínsecas a la acción del individuo (incentivos que "alguien" atribuía a la acción) o por la búsqueda de unas consecuencias intrínsecas a la acción (consecuencias para quien realiza la acción derivadas de la propia realización de la acción). El problema es que no todos los motivos que mueven a la acción a las personas pueden incluirse en esos dos tipos de motivación, y sin embargo pueden constituir una poderosa fuente de motivación. Por ejemplo, supongamos una madre que se levanta por la noche para atender a su hijo que está llorando. Si el motivo de su acción fuese sencillamente conseguir que el niño se callase porque la molesta el ruido que hace al llorar, podría hablarse de motivación extrínseca en esa acción. Si es que le gusta levantarse a pasear, podría hablarse de motivación intrínseca. Pero si, como es lo habitual, lo que quiere es atender al pequeño en lo que necesite, hay que hablar de otro tipo de motivación: la motivación hacia una acción por las consecuencias, por el valor, que esa acción tiene para satisfacer las necesidades de otra persona. A este tipo de motivaciones se las llama motivación trascendente (Pérez López).

El mismo tipo de análisis se puede hacer en casos muy distintos al de una madre de familia, como puede ser el de un vendedor de una empresa. Un buen vendedor, por supuesto que al realizar una venta estará buscando ganar algún dinero, y hacer algo que le gusta hacer y que le supone un reto. Pero, si es un buen vendedor, también 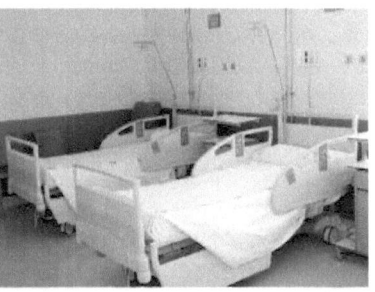 pensará en el cliente, en que le está ayudando a resolver problemas que el cliente tiene. El conocimiento de que lo que hacemos es útil (algo que los demás aprecian en algún modo como necesario) constituye un factor motivador de una fuerza nada despreciable. Esta motivación surge de los motivos trascendentes. Con el descubrimiento del nivel trascendente de la motivación se completa la teoría de la motivación, añadiéndose a las teorías X e Y la teoría Z (Ouchi).

Los tipos de motivos o componentes de la motivación

La teoría antropológica o modelo antropológico de la motivación es capaz de recoger los hechos apuntados, que por otra parte están tan ligados a nuestra experiencia cotidiana, y tiene en cuenta que las personas pueden moverse por tres tipos de motivos:

Los motivos **extrínsecos** son cualquier tipo de incentivo que se atribuye a la realización de la acción por parte de otra persona o personas distintas de aquella que ejecuta la acción (v.gr: la retribución de un trabajo, o las alabanzas que se reciben al hacerlo).

Los motivos **intrínsecos** son los incentivos que provienen de cualquier resultado de la ejecución de la acción para la persona que la realiza y que depende tan sólo del hecho de realizarla (v.gr: el aprendizaje, el reto que produce, el gusto de hacerla, o la creatividad que se desarrolla en las acciones).

Los motivos **transcendentes** son los incentivos que provienen de los resultados que la acción produce en otras personas distintas de quien ejecuta la acción (v.gr: la satisfacción de producir bienestar a otra persona).

La estructura motivacional es la composición de motivos extrínsecos, intrínsecos, y trascendentes, que motivan a cada persona.

La proporción con que estos motivos están presentes en la motivación humana constituye la ***estructura motivacional*** del individuo. Lo habitual es que en cualquier acción esos tres tipos de motivos estén presentes. Es normal que un médico, por ejemplo, atienda a sus pacientes guiado por los tres tipos de motivos, es decir: cobrar unos honorarios, desarrollar su competencia profesional, y curar efectivamente alguna dolencia que hace sufrir al paciente.

Naturalmente, el peso de cada tipo de motivos es diferente para cada profesional: siempre habrá médicos que piensen más en los honorarios, mientras que otros pensarán más en el paciente. En cualquier nivel de la actividad, cualquier responsable a cualquier nivel de la organización, se moverá por ganar dinero, por hacer cosas que le resultan atractivas, y para las que se siente preparada o capaz, y también por prestar un servicio, por hacer algo bueno, para los que trabajan con él, y hacia los que va destinado su trabajo. Como en definitiva esos tres tipos de motivos satisfacen las necesidades materiales, necesidades de conocimiento, y necesidades afectivas, la calidad de la motivación humana depende de la adecuada proporción de los motivos extrínsecos, intrínsecos y trascendentes.

Una teoría de la motivación humana que reconozca que la motivación para realizar cualquier acción ha de explicarse en función de los tres componentes denominados motivación extrínseca, motivación intrínseca, y motivación trascendente, parece recoger los elementos más generales, evidentes, e intuitivos, de nuestra experiencia habitual. Su punto de partida es sencillo y realista. Sus con-secuencias, sin embargo, no son aparentes a simple vista, y en muchos aspectos implican un cambio profundo en nuestro modo de concebir las organizaciones humanas y el desarrollo de las personas como tales. Por eso se habla del tercer paradigma o modelo antropológico o humanista que es el que subyace en la concepción de cualquier organización humana como institución y no como sistema técnico o como organismo social.

El modelo antropológico de la organización

El paradigma antropológico contempla a las organizaciones a través de una concepción de la motivación humana en la que ésta es el agregado de tres tipos de motivos: extrínsecos (remuneración), intrínsecos (la propia realización del trabajo), y trascendentes (el valor del trabajo para otras personas). Esta forma de conceptualizar la motivación en el modelo de la organización implica que parte de la motivación no depende tan sólo de lo que se hace sino de para qué se hace, del sentido que tiene, en definitiva de la utilidad para otras personas.

La motivación es algo que tiene la persona y puede ser diferente de una persona a otra, es decir, el peso de cada uno de los tres motivos (la estructura motivacional) en cada persona puede ser diferente. La estructura motivacional de la persona no es estática ni indiferente a la influencia de la organización. La estructura motivacional interactúa y se modifica con la forma en que la organización satisface los motivos de las personas de la organización (gráfico 3).

De manera que en el modelo antropológico, la medida en que la organización satisface los componentes de la motivación de sus miembros se denomina estructura compensatoria. La compensación de los motivos de los miembros de la organización tiene su paralelismo lógico con la estructura motivacional del individuo. Por lo tanto, la estructura motivacional tiene tres niveles: compensación extrínseca, intrínseca, y trascendente.

La compensación extrínseca se refiere a la satisfacción de los motivos extrínsecos, y por lo tanto se refiere a la política salarial, compensaciones financieras, y retribuciones similares.

La compensación intrínseca se refiere a la satisfacción de los motivos intrínsecos, y se expresa en la política diseñada para permitir que se desarrolle la creatividad de las personas de la organización, facilitar la producción de conocimiento en la que el individuo esté interesado, facilitar sus intereses intelectuales, herramientas de trabajo, y demás satisfacciones que tengan que ver con la tarea en sí misma.

La compensación trascendente se refiere a la satisfacción de los motivos trascendentes y por lo tanto se centra en los valores internos y externos de la organización, es decir la medida en que la organización proporciona utilidad o valores a los miembros de la organización y a los ciudadanos a los que sirve. Los tres niveles de la estructura compensatoria son elementos críticos para estimular la motivación de los miembros de la organización, especialmente la compensación trascendente que es el nivel más importante en la configuración de la ética, de la eficiencia, y del valor social de la organización.

La interacción de los tres niveles de la estructura motivacional y compensatoria configuran el compromiso del individuo con la organización. Por lo tanto existen tres niveles de compromiso: extrínseco, intrínseco, y trascendente. La interacción entre la fuerza motivacional de los motivos extrínsecos del individuo y de la medida en que la organización satisface esos motivos determina el compromiso extrínseco. Este compromiso desarrolla entre los miembros de la organización el vínculo del interés. Los individuos permanecen en la organización porque ganan dinero.

La interacción entre la fuerza motivacional de los motivos intrínsecos del individuo y de la compensación intrínseca determina el compromiso intrínseco. Este compromiso desarrolla entre los miembros de la organización el vínculo de la atractividad. Los individuos están comprometidos con la organización porque el trabajo es atractivo.

La interacción entre la fuerza motivacional de los motivos trascendentes del individuo y de la medida en que la organización satisface esos motivos determina el compromiso trascendente. Este compromiso desarrolla entre los miembros de la organización el vínculo de la unidad. Los individuos permanecen en la organización porque están unidos alrededor de los valores internos y externos de la organización. La medida en que predomine uno u otro compromiso o vínculo entre los miembros de la organización conformará sus valores internos y sus valores sociales.

Finalmente, de la interacción de los niveles de compromiso surge un nuevo concepto llamado, en el modelo antropológico, dedicación. Dedicación, en este contexto, se refiere a todas aquellos comportamientos beneficiosos para la organización que no son exigibles contractualmente. El grado de dedicación apenas se asocia al nivel extrínseco y por el contrario depende en una gran medida de los niveles intrínseco y trascendente. Las personas que actúan sólo por dinero (nivel extrínseco) sólo suelen hacer lo que está escrito en el contrato, aquello por lo que las pagan, en consecuencia tienen poca dedicación. Sin embargo, las personas que aman lo que hacen y la organización facilita su creatividad y desarrollo (nivel intrínseco), y las personas que se sienten unidas alrededor de los valores de la organización (nivel trascendente), suelen tener un alto grado de dedicación.

7. El modelo antropológico en la organización sanitaria

El modelo antropológico de la organización ha demostrado ser el que mejor explica el funcionamiento de las organizaciones. Tiene innumerables ventajas con respecto a los otros modelos que proporcionan una visión limitada de la complejidad de la realidad individual y organizativa, especialmente en el sector de la salud en la que se intenta producir algo absolutamente valioso para otras personas: su salud. Pero es que además, el profesional de la salud no es una pieza a nómica que contribuye a producir resultados en los sistemas de salud. El profesional de la salud, ya sea médico, enfermera, auxiliar, o celador, es una persona. Como persona tiene una serie de necesidades materiales, intelectuales y afectivas. De tal manera que es razonable pensar que el grado en que la organización a la que sirve el profesional de la salud satisface sus necesidades contribuye a configurar el comportamiento del profesional, especialmente con sus enfermos, con sus compañeros, y con la organización.

Desde estas perspectivas, que integran la motivación del individuo, la medida en la organización satisface sus motivos, y la interacción entre ambas, se infiere la importancia tanto de la responsabilidad de los que diseñan o regulan los incentivos (autoridades sanitarias, gerentes, industria, o el propio profesional) como de la medida en que los profesionales responden a los incentivos existentes. Desafortunadamente, la mayor parte de los sistemas

sanitarios ofrecen pocos incentivos, tanto para los consumidores como para los proveedores, para estimular la eficiencia. Como la eficiencia necesita ser estimulada, no puede darse por garantizada, este hecho contribuiría a explicar las grandes  bolsas de ineficiencia que existen en los sistemas sanitarios, o las grandes diferencias tanto en la cantidad de servicios prestados como en su tasa de uso apropiado.

Por ejemplo, en España en 1988, mientras que unas Comunidades Autónomas disponían de más de diez instalaciones de tomografía axial computarizada por millón de habitantes otras no llegaban a tres, estando en relación con la renta per cápita de la región. En los EEUU la probabilidad de que a un hombre de 80 años le haya sido practicada una prostatectomía, varía del 20 al 60% dependiendo de en qué ciudad habite. Aunque Canadá y los Estados Unidos (EEUU) tienen aproximadamente el mismo número de médicos por habitante, los EEUU tienen un 33% más cirujanos per cápita que Canadá. Lo cual no significa que los cirujanos americanos estén más ociosos, sino que los ciudadanos estadounidenses reciben un 40% más de intervenciones quirúrgicas per cápita que los canadienses.

Pero no sólo existe una gran variabilidad en la práctica médica, sino también en el grado de uso apropiado de los procedimientos. En los Estados

Unidos, la pro-porción de uso inapropiado o dudoso de algunos procedimientos puede variar desde una cuarta parte a dos terceras partes. Y esto ocurre también en contextos con otro tipo de incentivos. Por ejemplo, en Inglaterra, con presupuesto centralizado y médicos asalariados, la proporción de coronario grafías o "bypass" aortocoronarios inapropiados o dudosos es similar a la de los EEUU. En los países donde se ha analizado, las angioplastias coronarias realizadas por razones no apropiadas oscilan entre un 15% y un 40%.

En España, por ejemplo, está aumentando a un fuerte ritmo el número de angioplastias, que prácticamente se duplica cada dos años. Se desconoce en nuestro país la proporción de uso apropiado de esta técnica. Si la cifra de uso inapropiado en España fuera sólo del 10% - una estimación conservadora - el coste del uso inapropiado podría haber llegado a casi 600 millones de pesetas en 1991. Con las mismas asunciones el coste del uso inapropiado en 1998 superaría los 3.000 millones de pesetas.

La conclusión no es que necesariamente haya que racionar la prestación de servicios sanitarios, sino que si fuésemos capaces de eliminar selectivamente los servicios inefectivos, se podría disponer de recursos para atender a quien necesite aplicación de procedimientos diagnósticos o terapéuticos efectivos. De esta forma, sin restringir la prestación de servicios efectivos, se estaría aumentando la eficiencia, la equidad, y la calidad del sistema de salud. Pero hasta ahora las políticas diseñadas a involucrar a los profesionales en sus objetivos y en sus valores han dedicado una muy escasa atención a los fenómenos profundos de la motivación humana, y de la compensación, y educación de la motivación humana.

Para intentar promocionar el uso apropiado de procedimientos en la práctica clínica, se han seguido o bien mecanismos de regulación normativa, o regulación por incentivos. Sin embargo, en general, tales intentos no han logrado mejorar aspectos tales como la tasa de uso apropiado, la utilización de los recursos, o la mejora en los resultados y consecuentemente no han mejorado la eficiencia del sistema. Una posible explicación a este hecho es la escasa calidad de los diseños de metodología cuestionable, y han ignorado elementos clave de la motivación humana.

Para intentar promocionar el uso apropiado de procedimientos en la práctica clínica, se han seguido o bien mecanismos de regulación normativa, o regulación por incentivos. Sin embargo, en general, tales intentos no han logrado mejorar aspectos tales como la tasa de uso apropiado, la utilización de los recursos, o la mejora en los resultados y consecuentemente no han mejorado la eficiencia del sistema. Una posible explicación a este hecho es la escasa calidad de los estándares aceptados sobre el uso apropiado de procedimientos médicos, o de las guías de práctica clínica, pero sobre todo a la poco frecuente asociación entre la buena práctica clínica y los incentivos positivos asociados a ella. En ausencia de tales estándares y tales incentivos no sorprende que en los sistemas de salud coexistan la sobreutilización (uso inapropiado), la infrautilización (procedimientos necesarios que no se realizan) y el racionamiento, bien sea explícito mediante pago o implícito mediante listas de espera.

La aplicación de un procedimiento clínico puede ser in-apropiada si el procedimiento es: in-necesario, inútil in-seguro, inclemente, o insensato. Esta reflexión muestra la confluencia entre elementos éticos y económicos en la práctica clínica.

En cuanto al desarrollo de estándares de buena práctica clínica, se han desarrollado Jennett ha identificado cinco razones principales para considerar por qué en algunas circunstancias el uso de un procedimiento puede ser inapropiado: 1) si es innecesario, es decir, que el objetivo deseado se pueda obtener con medios más sencillos; 2) si es inútil, porque el paciente está en una situación demasiado avanzada para responder al tratamiento; 3) si es inseguro porque sus complicaciones sobrepasan el probable beneficio; 4) si es inclemente porque la calidad de vida ofrecida no es lo suficientemente buena como para justificar la intervención; y 5) si es insensato por que consume recursos de otras actividades que podrían ser más beneficiosas.

Este comportamiento que propone Jennett es un magnífico ejemplo de convivencia de la ética y la eficiencia en los sistemas de salud, y puede ser explorado desde perspectivas motivacionales. Es difícil pensar que este comportamiento se va a producir de forma mecánica sólo por hacerlo explícito y por asociarlo a incentivos o desincentivos financieros, como proponen los modelos mecanicistas. También es difícil pensar que se va a producir sólo por el hecho de que al profesional le guste la tarea que hace, como proponen los modelos psicosociológicos, lo cual podría conducir a realizar más procedimientos de los necesarios. Probablemente ambas consideraciones sean necesarias pero no son suficientes, a no ser que los profesionales de la salud se sientan vinculados con los objetivos y con los valores de la organización, como propone el modelo antropológico.

8.- PRACTICA CLINICA, ECONOMIA, Y ETICA

En numerosas publicaciones médicas, además de los aspectos clínicos, aparecen explícitas o implícitas las connotaciones éticas y económicas de los resultados. Por ejemplo, la mortalidad de la insuficiencia cardiaca congestiva es del 11% cuando el manejo del proceso es de buena calidad, comparada con una mortalidad del 19% cuando la calidad asistencial es baja. Estas diferencias en mortalidad dependiendo de la calidad del proceso se han observado también en otras condiciones clínicas, son excesivamente importantes como para ser ignoradas desde un punto de vista ético, y sugieren que no es ético mantener una baja calidad asistencial, puesto que de ello depende que una proporción considerable de pacientes se muera innecesariamente.

El consumo de recursos sin justificación ética puede ser ilustrado con el estudio de la variación sobre cómo los médicos solicitan radiografías de tórax a pacientes con síntomas respiratorios dependiendo de que el médico disponga del aparato de rayos x en su consulta o por el contrario que tenga que pedir la radiografía a un radiólogo. En el primer caso el consumo de recursos es multiplicado innecesariamente por seis, sin que de ello se derive un mejor tratamiento para el paciente individual, y consecuentemente se dejan de utilizar estos recursos para fines que podrían beneficiar a los mismos pacientes o a otros.

En algunos casos, las implicaciones económicas y éticas de la influencia de determinados incentivos son muy evidentes. Por ejemplo, en el caso de la radioterapia y litotricia extracorpórea por ondas de choque (LEOC) en España, los incentivos diseñados (pago por conciertos) por los financiadores del sector público permitieron importantes beneficios monetarios para los proveedores privados de tratamiento mediante LEOC, pero no producían beneficio para los proveedores de tratamiento de radioterapia mediante unidades de mega voltaje. Las implicaciones éticas de tal diseño de incentivos pueden ser comprendidas con la descripción de las siguientes observaciones: primero, la distribución regional en España no es homogénea (existe correlación lineal positiva entre las unidades de LEOC instaladas por unidad de población y el PIB per cápita de la comunidad autónoma); segundo, el sector privado posee el 72% de las máquinas de litotricia instaladas en España, pero sólo el 16% de las instalaciones de radioterapia; y tercero, en España existe abundancia de máquinas de litotricia y escasez de unidades de mega voltaje en comparación con países de nuestro entorno.

Considerando, por ejemplo, el principio de justicia se objetaría que se deteriora la equidad por dos razones: primera, la probabilidad de acceder a la tecnología que proporciona el tratamiento es mayor para los pacientes con litiasis renal que para los pacientes con enfermedades neoplásicas que requieren radioterapia; y segunda, la probabilidad de acceder al tratamiento de litiasis mediante LEOC aumenta con la riqueza de la comunidad autónoma donde vive el paciente.

Los incentivos que proporciona la industria, pueden ser lícitos e incluso deseables, pero de-ben ser evaluados para que contribuyan a aumentar la eficiencia de los servicios de salud.

Otro aspecto importante en el análisis de la ética de las decisiones médicas es la relación de los médicos con la industria. Por ejemplo, en un reciente estudio, Chren y Landefeld han demostrado la existencia de asociación entre el hecho de que los médicos soliciten que un medicamento sea añadido al formulario del hospital y la interacción de los médicos con las compañías farmacéuticas. Esta asociación es fuerte, consistente, específica, e independiente, y además, la mayoría de los fármacos cuya inclusión se solicitaba, representaban o ninguna o escasas ventajas terapéuticas sobre los medicamentos previamente incluidos en el formulario.

9.- UNIDADES DE GESTIÓN CLÍNICA

Las Unidades de Gestión Clínica, son unidades asistenciales, que pueden coincidir con un servicio clínico, con una unidad funcional, un área de apoyo, o una unidad de cuidados, ser multidisciplinar o no. Tienen un fin, se gestionan a través de un responsable los recursos asignados para el logro de unos objetivos concretos y se les ha dotado de un cierto nivel de autonomía de gestión.

Tienen capacidad de gestión y delegada la responsabilidad del correcto funcionamiento de la unidad y de la actividad del personal, así como la custodia y utilización adecuada de los recursos materiales que tenga asignados.

Se basan en conceptos de la gestión clínica que supone la gestión de las acciones, tareas y los recursos disponibles para mejorar los niveles de salud de los pacientes, realizada con la implicación activa y responsable de los profesionales. Se basa en la toma de decisiones con criterios de adecuación y coherencia en la utilización de recursos, respecto a sus propios objetivos sanitarios y los institucionales.

La gestión de recursos sanitarios con que se le dota a la unidad tiene como fin adecuar la respuesta del sistema a las demandas de atención de los ciudadanos, en el nivel e intensidad asistencial apropiados, teniendo en cuenta el contexto en el que se produce y los recursos disponibles para satisfacer dicha demanda de un modo rápido, homogéneo, efectivo, coordinado, equitativo y eficiente

Incorpora conceptos de calidad y eficiencia en la práctica clínica, maximizando la efectividad de la asistencia y la satisfacción de los usuarios a un coste social razonable y sostenible, y aceptando que la ética individual debe asumir la preocupación por el bien común.

Tienen como características:

- Contrato de gestión propio, pactado directamente con las estructuras de asignación de recursos de su hospital y en el marco del contrato de gestión del propio hospital

- Tienen asignados unos recursos definidos y un presupuesto anual.
- Gestión de sus recursos materiales y humanos, pactados en su contrato.
- Tienen organización y normas internas propias.
- Evaluación continua de balance de resultados clínicos, económicos y de calidad.
- Diseño funcional basado en Gestión de Calidad Total.

La ética y la economía no son la panacea para resolver los problemas de los sistemas de salud, pero bien entendidas, y bien situadas en perspectivas multidisciplinarias, pueden orientar y ayudar a comprender el uso apropiado de los recursos, no sólo sin contradicciones mutuas, sino de forma complementaria. No en vano la economía, como ciencia, trata de ofrecer a la sociedad el mayor grado de bienestar posible a partir de los recursos disponibles, y ése es un objetivo ético.

Dado que los recursos que la sociedad dedica a la salud son necesariamente limitados, el uso eficiente de los recursos es un imperativo ético. El médico juega un importante papel en el uso de los recursos de los sistemas sanitarios y en su redistribución entre el paciente y la sociedad, por lo cual debe incluir una perspectiva social en sus consideraciones. Sin embargo, a pesar de su importante papel, los médicos solos no pueden resolver los problemas de los sistemas de salud, pero tampoco se resolverán apropiadamente sin su participación colectiva. El bien entendido uso eficiente de los recursos implica un mejor tratamiento para un paciente individual, y permite disponer de recursos para tratar a otros pacientes que necesiten ése u otro cuidado. La ética, la economía, la medicina, y otras disciplinas pueden ayudarnos a comprender y resolver los conflictos de interés que pudiesen surgir entre médicos, pacientes, y sociedad en el uso de los recursos dedicados a la atención de la salud.

Uno de los objetivos irrenunciables de cualquier organización debe ser su permanente evolución para adaptarse a las necesidades cambiantes de la sociedad. Esta necesidad es más transcendente si nuestro quehacer está enfocado a dispensar atención sanitaria y nuestro fin es mejorar el nivel de salud de los pacientes y contribuir en definitiva al bienestar social.

La organización de los centros sanitarios y en especial la de los hospitales, acrisolada en sus formas, ha reportado indudables beneficios para el desarrollo de las funciones asistenciales, pero adolece de la suficiente flexibilidad y no consigue una óptima implicación de los profesionales, a pesar de que en los últimos años se han hecho esfuerzos continuos para lograrlo.

Tanto el Plan Estratégico del SAS como las recomendaciones de la Subcomisión del Congreso de los Diputados, para avanzar en la consolidación del Sistema Nacional de Salud, coinciden en señalar la necesidad de modernizar la organización y la gestión sanitaria mediante la implantación de nuevas formas, que de manera progresiva, impliquen a toda la organización, en la consecución de una mayor eficiencia y calidad, de acuerdo con los planteamientos de la gestión clínica

Los cambios en la organización de los centros tienen que tener dos ejes fundamentales, la mejora de la atención al paciente y la participación de los profesionales.

El proyecto de Gestión Clínica que se presenta, es un vivo exponente de este enfoque y esto es así porque la esencia de este proyecto es la agrupación de especialidades y servicios en torno al proceso asistencial, que garantice una respuesta integral al paciente. Al mismo tiempo el Área clínica es un excelente catalizador para desarrollar la implicación de los profesionales en la gestión de los recursos.

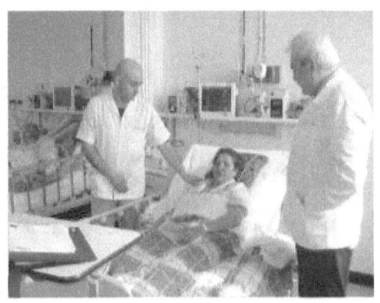

La participación es la clave para el éxito de los modelos organizativos basados en la gestión clínica. De hecho hasta la propia iniciativa de crear estas unidades debe partir de los profesionales cuya inquietud por mejorar la asistencia los ha llevado a apostar por otra forma de organización de los servicios, en la que adquiere un protagonismo singular.

No cabe duda que ello supone un esfuerzo por parte de ellos y de las Gerencias, en llevar a cabo esta modalidad intermedia entre la gestión tradicional.

La eficacia y la calidad de los servicios públicos constituyen sin duda el principal interés para todos los responsables de los Servicios de Salud. El Sistema Sanitario en los últimos años ha alcanzado muchos logros, pero existen amenazas derivadas esencialmente del incremento del gasto, de la burocratización, falta de flexibilidad de sus estructuras, y de la insatisfacción de los profesionales, esenciales para conseguir la necesaria eficiencia y calidad de los servicios.

Las soluciones para abordar algunas de estas cuestiones, pasan por acercar la organización y la toma de decisiones a las necesidades de los pacientes, por proponer modelos organizativos que permitan visualizar de forma real las responsabilidades dentro de la organización, de orientar las organizaciones hacia modelos de eficiencia en la toma de decisiones y en el consumo de los recursos para dar la asistencia, y en hacer partícipe de ello a los profesionales, teniendo en cuenta que la mera participación en la toma de decisiones es siempre un incentivo.

Nos encontramos en el inicio de experiencias organizativas, que pretenden ser la base de un nuevo concepto de organización hospitalaria, el hospital centrado en el paciente y el profesional como responsable de esa relación. La descentralización de la gestión, con conceptos de gestión clínica ha sido objeto de numerosas experiencias, en todas las Comunidades Autónomas y en otros países de nuestro entorno. Todas en la línea de buscar formas de desarrollo organizativo que acerquen la atención a las necesidades de los pacientes y tengan la implicación de los profesionales.

En las Unidades de Gestión Clínica, el nivel de descentralización es la unidad asistencial básica, consiste en la gestión por parte de la unidad del conjunto de recursos asignados a la misma. Esta dirigida a los hospitales y unidades asistenciales con mayor madurez organizativa, mayor tradición de cultura de gestión y buen nivel de desarrollo de las herramientas básicas de gestión.

Áreas Clínico-Funcionales o Institutos, en las que el nivel organizativo de descentralización de la gestión es una agrupación de unida- des asistenciales básicas. Consiste en la gestión por parte del Área Clínico-Funcional, y a través del Coordinador de la misma, del conjunto de los recursos asignados al área.

La gestión clínica está iniciando sus desarrollos en experiencias concretas que según vayan consolidándose, y las organizaciones vayan madurando alcanzarán su máxima potencialidad como elemento de mejora de las organizaciones sanitarias.

El concepto de gestión clínica, tiene una vida muy reciente, pero se ha incorporado con fuerza en el debate de profesionales y gestores. Todos los servicios de salud han trabajado y están trabajando, en desarrollos organizativos basados en los modelos de gestión clínica. Algo similar a lo que otros sectores de servicios están haciendo, para mejorar la satisfacción de sus clientes, fomentan la implicación de sus profesionales, potencian su creatividad y sus conocimientos, y les hacen participes de los logros de la organización.

Diversos autores han planteado modelos organizativos que supera a los Servicios tradicionales individualmente considerados. Consiste en agrupamientos de diferentes especialidades dotándolos de mayor autonomía.

Un segundo elemento, es el concepto de Atención Focalizada en el Paciente basándose en la idea de que la atención debe acercarse a las necesidades del paciente y sustentarse sobre el protagonismo de los profesionales.

10.- LOS INSTITUTOS

Los Institutos consisten en la agrupación de servicios y especialidades en una única unidad de gestión, estructurada en función de criterios homogéneos de asistencia y cuidados, y orientados a un tipo específico de procesos. Son agrupaciones estables de servicios clínicos orientadas a la gestión de un grupo específico de procedimientos clínicos y dotados de mayor autonomía de gestión.

Se enmarcan dentro de los nuevos modelos de organización, como una alternativa a la tradicional configuración de nuestros hospitales, que se debe hacer cuando por la configuración de la cartera de servicios varios servicios atienden el mismo proceso desde diferentes especialidades médica, quirúrgica, de diagnóstico o de tratamiento, y las circunstancias del centro así lo aconsejan y cuenta con el acuerdo de todos los servicios que van a participar en optar por este modelo organizativo.

Para el hospital del SAS, el diseño de un modelo asistencial focalizado en el paciente pretende redefinir la actual estructura de la organización, adaptándola a las necesidades de los mismos. Esto precisa de estructuras organizativas basadas en la reagrupación de pacientes en unidades, en función de criterios homogéneos de atención; la descentralización organizativa de aquellos recursos sanitarios cuya necesidad lo justifique; la flexibilidad y multifuncionalidad de los grupos de trabajo, la capacidad de decisión de estos equipos en el ámbito de su área, y la adaptación de la arquitectura organizativa conjunta a las necesidades de cada una de estas unidades.

Su estructura y funcionamiento siguen los criterios de descentralización organizativa respecto al hospital manteniéndose la personalidad jurídica única del centro.

Este sistema multiservicios (agrupación de servicios complementarios) puede aportar notables ventajas respecto al tradicional servicio único y aislado:

• Consecución del efecto sinergia. Las unidades asistenciales integradas se complementan y minimizan las debilidades individuales.

• Obtención de economías de escala y reducción de costes operativos y de transacción, al compartirse instalaciones, equipos y cuadros directivos.

• Reducción de demoras, al poder programar coordinadamente.

• Capacidad de optimizar costes, en el total del proceso.

- Mayor capacidad de resolución y gestión clínica, al complementarse el trabajo integrado y la experiencia de diversos equipos.

- Mejora de la calidad percibida por el paciente ya que se actúa con acciones coordinadas de mayor efectividad.

- Resolución de los procesos más efectiva, eficiente y con mejor calidad

- Mejora de las condiciones de trabajo de los profesionales, al configurarse equipos interdisciplinarios complementarios.

- Mejora del clima laboral, por mayor grado de implicación y democratización en la organización.

Los Institutos, en tanto que nuevas formas de organización como alternativa a las formas organizativas tradicionales, tendrán su razón de ser en la medida en que se les dote de esquemas organizativos sencillos, que permitan la fluidez de las comunicaciones internas y la rapidez en la toma de decisiones.

Deben reorientarse los procesos de generación y difusión del conocimiento profesional, mediante equipos interdisciplinarios en organizaciones horizontales y el trabajo por procesos. Es decir, un cambio de sistema de relaciones y procesos que permita una organización basada en el conocimiento.

Realiza funciones:

Asistenciales, los Institutos tienen asignadas todas las funciones que la normativa vigente atribuye a los servicios de atención especializada, en el ámbito preventivo, asistencial, docente e investigador, en relación con el grupo específico de procedimientos incluidos en su oferta.

Gestoras, los Institutos tienen capacidad de gestión y delegada la responsabilidad del correcto funcionamiento de las unidades asignadas y de la actividad del personal, así como la custodia y utilización adecuada de los recursos materiales que tenga asignados. La gestión clínica supone la ges- tión de las acciones, tareas y los recursos disponibles para mejorar los niveles de salud de los pacientes, realizada con la implicación activa y responsable de los profesionales. Se basa en la toma de decisiones con criterios de adecuación y coherencia en la utilización de recursos, respecto a sus propios objetivos sanitarios y los institucionales.

Es un proceso de gestión de recursos sanitarios que tiene como fin adecuar la respuesta del sistema a las demandas de atención de los ciudadanos, en el nivel e intensidad asistencial apropiados, teniendo en cuenta el contexto en el que se produce y los recursos disponibles para satisfacer dicha demanda de un modo rápido, homogéneo, efectivo, coordinado, equitativo y eficiente.

La dependencia, el control, garantía de eficiencia y garantía de legalidad se establece a través de la Dirección Gerencia del hospital en el que está integrada.

Pero el modelo de Institutos también puede tener sus debilidades, que conviene prevenir:

* Incompatibilidad de culturas, en la integración.

* Inestabilidad por reequilibrio de roles.

* La adecuación clínica y eficiencia pretendidas se pueden ver influidas por algunas eventuales des economías.

* Pueden generarse rechazos al proyecto por otras áreas del hospital si se perciben hipotéticos privilegios del área o unidad

* Podría darse al caso de la utilización de la autonomía de gestión sin asumir los miembros de la unidad la responsabilidad que conlleva las decisiones tomadas

En estos diseños tendrán mayores probabilidades de éxito aquel proyectos que no sean solamente "teórico", los que no se generen por "presiones sociales", los que tengan un líder reconocido, los generados por consenso o los que dispongan de un volumen razonable de actividad y/o recursos.

11.- MARCO FUNCIONAL Y OPERATIVO

11.1. CREACIÓN Y EXTINCIÓN

UNIDAD DE GESTIÓN CLÍNICA

La creación de una unidad de gestión clínica exige la voluntad del responsable de la unidad clínica, expresado en documento razonado y de los profesionales adscritos, vehiculizado a través de su Dirección, así como pasar un proceso de homologación o acreditación que asegure la viabilidad del proyecto, y un plan de trabajo para ser autorizada su creación.

La puesta en marcha de estas unidades requiere que existan garantías de éxito, para ello deben dotarse de los medios y herramientas necesarias para que logren los objetivos.

El responsable de la unidad deberá presentar un plan de factibilidad (similar al de los Institutos). Una vez aprobado deberá pasar un proceso de homologación sobre todo en dos áreas:

• Sistemas de información asistenciales y de costes Cuadros de mando) diseñados para la gestión clínica y enfocados a la evaluación.

• Organización de las áreas de apoyo a las unidades (logística, admisión, documentación, etc.) que garanticen una asistencia eficaz en la gestión de pacientes.

Una vez realizada esta homologación se procederá a constituir la unidad, y a dotarla de los recursos necesarios para el cumplimiento de sus objetivos, determinando el ámbito de su responsabilidad y los objetivos que se esperan, mediante un contrato de gestión que incluirá:

- Cartera de Servicios
- Objetivos de la Unidad Clínica
- Volumen de Actividad Asistencial
- Objetivos de Calidad
- Financiación
- Presupuesto Clínico
- Otros

El contrato se suscribirá con el Gerente del Centro y en el deberá constar todos los aspectos que se consideren que refieran las responsabilidades que se asumen y el grado de logro que se pretende.

INSTITUTO

La iniciativa de creación de un Instituto podrá partir:

1. De los profesionales: formulada por escrito, firmado por los profesionales de los servicios o unidades que se pretendan formar parte del proyecto. Dicha propuesta, presentada a la Gerencia del hospital, incluirá como mínimo los siguientes contenidos:

❑ Servicios o unidades que conformarían el Instituto.

❑ Relación de peticionarios y firma.

❑ Oferta asistencial del Instituto.

❑ Memoria justificativa y oportunidad del proyecto.

2. Del Hospital: por criterios de gestión y oportunidad, una vez justificada su necesidad en el plan estratégico del centro.

En los casos que la iniciativa sea del hospital se contará en todo caso con el apoyo e implicación de la mayoría de los profesionales.

La propuesta de constitución de un Instituto deberá ir acompañada de un "Estudio de Factibilidad" que incluirá los siguientes contenidos:

❑ Misión del Instituto.

❑ Servicios, Unidades y especialidades que se adscriben.

❑ Análisis estratégico de la situación y recursos de esos servicios.

❑ Oferta de procedimientos que se propone. Cartera de servicios.

❑ Estructura y funcionamiento interno. Reglamento interno.

❑ Sistema de información

❑ Objetivos a corto y medio plazo de actividad, calidad y costes, así como sistema de evaluación de los mismos. Plan de Calidad.

❑ Presupuesto indicativo, de puesta en marcha, para el primer ejercicio sobre la base de la estructura de costes.

❑ Propuesta de financiación, basado en la actividad propuesta.

❑ Modelo de relación y coordinación prevista con otros Servicios del Hospital, servicios asociados, con la estructura directiva, con la Aten- ción Primaria del Área, y con otros centros sanitarios.

❑ Investigación y docencia postgrado, si procede.

❑ Cronograma de implantación.

11.2. ESTRUCTURA ORGANIZATIVA

El esquema organizativo de los Institutos y de las Unidades de Gestión Clínica, debe ser sencillo, permitir la fluidez de las comunicaciones internas y rapidez en la toma de decisiones. También parece interesante garantizar desde el modelo, la horizontalidad, simplicidad y operatividad. La estructura organizativa, en cualquier caso debe ser la que mejor asegure una atención efectiva y de calidad a los pacientes.

Unidades de Gestión Clínica

En el caso de las Unidades de Gestión clínica al frente de la unidad estará un responsable, nombrado por el procedimiento de libre designación por el Gerente del hospital. La estructura organizativa debe ser sencilla y configurarse de forma que asegure la correcta participación de los profesionales y que la información fluya en todo la Unidad.

Las Unidades de Gestión Clínica tendrán dos niveles básicos de responsabilidad:

• Núcleo directivo: responsable de la Unidad
• Núcleo operativo: profesionales adscritos

La responsabilidad del correcto funcionamiento de la unidad, de la organización, de la actividad, de la gestión de la demanda, así como de la adecuada utilización de los recursos, es de la persona responsable.

Institutos

La agrupación de servicios pueden tener formas diferentes en cada Instituto en función de factores como el tamaño de estructuras, naturaleza de actividad; complejidad, intensidad y volumen; clima y madurez organizativa, liderazgo, cultura de la organización, historia, oportunidad, etc.

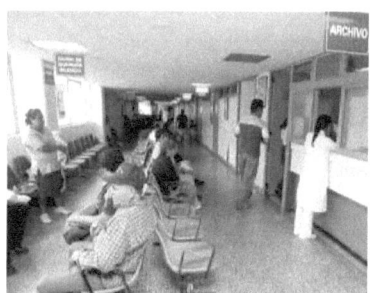

Cada Instituto debe tener un diseño que le permita dar respuesta a sus propias necesidades, peculiaridades y especificidad; pero, es fundamental, en el marco institucional del INSALUD, que exista un planteamiento genérico común a todos ellos.

ESTRUCTURA INTERNA DE ÁREAS CLÍNICAS O INSTITUTOS

Los Institutos tendrán tres niveles básicos de responsabilidad:

• Núcleo **coordinador**: Comité de Dirección

• Núcleo **directivo**: Director del Área Clínica o Instituto

• Núcleo **operativo**: Unidades Clínicas.

EL COMITÉ DE DIRECCIÓN DEL INSTITUTO

1. COMPOSICIÓN

Estará constituido por el director del Instituto y como mínimo por los responsables de las unidades clínicas que integren el Instituto. Formarán parte del Comité Directivo el/los responsable de enfermería del Instituto y una persona designada por la Dirección de Gestión y Servicios Generales.

El presidente del Comité será propuesto entre los miembros del Comité.

2. FUNCIONES

El Comité de Dirección deberá garantizar la comunicación, participación y toma de decisiones integradas y coordinadas.

Entre las funciones del Comité, se incluyen:

1. La elaboración y propuesta de modificación del reglamento interno,
2. Estudiar los objetivos sanitarios y los planes económicos del Instituto, instrumentando programas de dirección por objetivos.
3. Seguimiento de las actividades del Instituto y sus unidades clínicas y proponer las medidas de mejora necesarias
4. La aprobación de la propuesta de actividad y presupuesto
5. La propuesta de asignación de incentivos a los órganos competentes
6. La aprobación de la memoria anual y acuerdo de gestión con el hospital.
7. La propuesta de nombramiento y cese del director del Instituto
8. Los aspectos de coordinación y funcionamiento cotidiano del Área
9. La evaluación continuada de las actividades del área y las propuestas de mejora
10. En general, todos aquellos temas de interés general que considere convenientes a propuesta del director del Instituto, o de una mayo- ría de sus miembros.

El reglamento interno del Instituto definirá su funcionamiento y que acuerdos deben requerir mayoría cualificada del Comité, así como la cuantificación de esa mayoría.

Es interesante constituir una Comisión de Seguimiento, coordinación y apoyo, que estará formada por el Gerente y un miembro de cada División y el o los Directores de los Institutos. Tiene como finalidad, dar apoyo y coordinar las actividades de los Institutos, entre las diferentes áreas de centro, así como implicar a todos en los objetivos globales y compartidos del hospital.

EL DIRECTOR DEL INSTITUTO

REGULACIÓN

De conformidad con lo establecido en el Art. 27 del Real Decreto 521/87, el responsable del Instituto tendrá la denominación de Director y asumirá la responsabilidad de la gestión del Instituto, en los términos previstos en el art. 26 del citado Real Decreto.

NOMBRAMIENTO

El Director será nombrado de entre los miembros que componga el Instituto por el procedimiento de libre designación, por el Gerente a propuesta del Comité de Gestión. En el Director podrá recaer también el nombramiento de Presidente del Comité de resultar elegido.

FUNCIONES

El Director del Instituto tiene encomendada por el Gerente del Hospital, la responsabilidad del correcto funcionamiento de las unidades asignadas y de la actividad del personal, así como la custodia y utilización adecuada de los recursos materiales que tenga asignados.

Será el interlocutor del Gerente del hospital en la gestión del Instituto y el director de las unidades clínicas que lo integran, con capacidad ejecutiva, excepto para las decisiones estratégicas del Área y aquellas otras que correspondan el Comité de Dirección.

Su nombramiento y cese corresponderá al Director Gerente del hospital, oído el Comité de Dirección.

Anualmente se establecerá una evaluación del desempeño del director del Instituto, por el Gerente del centro, en base al cumplimiento del contrato de gestión del área.

UNIDADES CLÍNICAS DEL INSTITUTO

El Instituto podrá estructurarse en unidades clínicas. Tienen funciones y/o productos bien definidos y pueden disponer de personal médico, de enfermería y no sanitario, quienes, bajo la dirección de un responsable clínico, realizan una actividad asistencial definida y cuantificable, utilizando para ello equipamiento, instalaciones y espacios físicos, también claramente definidos.

El Instituto, como agrupación de Servicios, no los suprime, sino que los integra funcionalmente, siempre bajo la dirección del Comité de Dirección del Instituto y del Director del mismo.

SERVICIOS O UNIDADES CLÍNICAS ASOCIADAS

Son aquellos servicios o unidades del hospital, que tienen objetivos y recursos comunes con el Instituto, participan en procedimientos incluidos en su oferta asistencial y pueden participar en algunas de sus decisiones, pero no están integrados orgánicamente en la estructura del Instituto.

12.- GESTIÓN DEL PROCESO ASISTENCIAL

GESTIÓN POR PROCESOS

La gestión por procesos constituye un elemento clave para la mejora del funcionamiento de cualquier organización. Esta realidad es especialmente patente en los hospitales en los que coexisten una gran diversidad de procesos asistenciales y no asistenciales, algunos de ellos de una gran complejidad, que interrelacionan entre si y deben estar perfectamente sincronizados.

La evolución de la medicina, que cada vez adquiere un carácter más multidepartamental y multidisciplinar, obliga a establecer guías de práctica clínica que favorezcan una medicina más rápida e integrada. Los centros sanitarios dependientes del SAS son instituciones orientadas a prestar servicios sanitarios a los ciudadanos con la máxima calidad posible, a través de la mejora continua de todas las actividades que llevan a cabo, adecuándose a las necesidades y expectativas de la población y su entorno.

Las organizaciones sanitarias se han caracterizado históricamente por tener una estructura vertical, es decir, una estructura organizativa diseñada siguiendo un esquema funcional, basado en una visión compartimental, especializada y orientada hacia las unidades y servicios.

Esta estructura vertical de la asistencia hospitalaria origina a veces una repercusión negativa en forma de demoras, duplicidades y diferentes for- mas de abordar un mismo proceso que genera ineficiencias e insatisfacción en los propios usuarios a los que van dirigidos los mismos. No permite a veces tener una visión integradora de la organización. Así la gestión por procesos nos permite aproximarnos a como afrontamos la actividad asistencial, y que actividades están implicadas. Es posible de esta forma detectar oportunidades de mejora en la asistencia, así como actividades que aportan poco al éxito de los tratamientos (actividades a reducir o eliminar), y otras que lo hacen de forma importante (actividades a potenciar).

Como consecuencia de esto, las organizaciones sanitarias se encuentran con la necesidad de reestructurarse, desarrollándose una nueva forma de pensar: la organización entendida como un sistema, denominada también organización horizontal u organización por procesos.

Esta visión horizontal de la organización en contraposición a la vertical, permite conocer cómo se desarrollan los procesos y las relaciones internas cliente-proveedor a través de las cuales se producen los productos y servicios.

En definitiva, la organización sanitaria debe ser entendida como un conjunto de procesos que producen resultados de valor para los pacientes, y que son realizadas por diferentes profesionales, en vez de como un conjunto de funciones separadas entre sí que intentan optimizar sus resultados sin tener en cuenta los objetivos finales de la organización y del sistema.

Un proceso es un conjunto de actividades interrelacionadas y ordenadas que actúan sobre unas entradas y que van a generar un resultado que debe estar preestablecido para unos pacientes identificados.

La gestión de procesos a desarrollar por los Institutos o Unidades de Gestión Clínica deben hacer referencia a:

1. Los circuitos generales de pacientes para cada una de las áreas asistenciales: hospitalización, procedimientos técnicos, programación quirúrgica, consultas y urgencias.

2. La gestión de las enfermedades en las que se incorporen la planificación de su diagnóstico y tratamiento, la organización e interrelación de servicios u profesionales que coparticipan en la asistencia al paciente, la información al usuario y su capacidad de intervenir en la selección de la alternativa terapéutica más apropiada y por último, los mecanismos de supervisión evaluación de los resultados obtenidos.

3. Los Sistemas de Información necesarios para que el Instituto o Unidad puedan desempeñar su misión, con especial mención a aquellos que permitan analizar la evolución de su actividad, calidad y costes.

La materialización de la gestión por procesos se debe hacer con la elaboración de Guías Integradas Asistenciales, que determina el conjunto de actividades asistenciales y no asistenciales, desde que comienza un episodio clínico hasta que el paciente recibe el alta médica, que son específicas para un conjunto homogéneo de pacientes que presentan la misma condición clínica. Las Guías Clínicas Asistenciales permiten la planificación, implantación y evaluación del proceso asistencial de forma no segmentada, es decir, teniendo en consideración también las actividades no asistencia- les, y los costes del proceso. Son un paso más que las Guías y Vías Clínicas que solo integran las actividades asistenciales.

13.- PLAN DE CALIDAD TOTAL

La Unidad de Gestión Clínica o el Instituto es un modelo organizativo para la gestión clínica, basado en los conceptos de atención focalizada en el paciente, por lo que resulta fundamental que el Plan de Calidad incluya todos los elementos asistenciales, no asistenciales y de implicación de los profesionales.

La Calidad Total debe dar respuesta a componentes como:

- Satisfacción del paciente
- Excelencia de los profesionales y su práctica
- Organización
- Valor añadido como empresa de servicios
- Garantía de Calidad corporativa

El concepto de calidad está implícito en la cultura clínica por lo que es necesario construir sobre esa base:

- La práctica de la medicina basada en la evidencia científica para fomentar la excelencia clínica y disminuir la variabilidad en la práctica.
- La evaluación de las tecnologías médicas, desde los aspectos de eficacia, seguridad y eficiencia.
- La adecuación, buscando la mejor combinación de prestaciones, estructuras, tecnologías, y profesionales.
- Sistemas de información propios de la gestión clínica y de cuidados.
- Organización desde la atención focalizada en el paciente.

Es decir, un concepto globalizador y dinámico de la asistencia enmarcado en una política integradora de Calidad Total

El Área de Gestión Clínica o Instituto debe considerarse como burocracia profesional basada en el conocimiento, superando los conceptos organizativos de la calidad en la empresa tradicional. La calidad supera a la simple prestación del servicio y abarca a toda la organización, esto es Calidad Total.

La complejidad del sector está acentuada por el enorme número de "productos" prestados en un hospital y su heterogeneidad. El sistema de calidad elegido deberá ser muy flexible y adaptable a todo un abanico de pro- ductos, abordando la Calidad como Valor Añadido en una organización de servicios, es decir Calidad Total.

El SAS es un sistema global, sin embargo, su organización interna es enormemente variada por lo que los sistemas de calidad deben de poder adecuarse a una organización amplia y muy compleja. La calidad no es un factor aislado, y pasa a tener un componente corporativo, esto es una concepción de Calidad Total.

El Plan de Calidad Total que se incorporará al proyecto de factibilidad del Instituto o Unidad de Gestión Clínica se evaluarán anualmente, y formará parte del acuerdo de gestión con el hospital. El Plan de Calidad Total anual incorporará objetivos a corto y medio plazo, con las acciones previstas para su desarrollo y los indicadores para su evaluación, e incluirá siempre la doble componente clínica y de calidad percibida por el usuario, bajo el enfoque de la mejora continua en todos los aspectos del Instituto o Unidad de Gestión Clínica. Su contenido, desarrollo y seguimiento estarán coordinados con las actuaciones del hospital referidos a calidad.

La metodología se desarrollará en dos aspectos:

❏ Mejora continua

❏   Evaluación objetiva y sistematizada de calidad en todos los aspectos

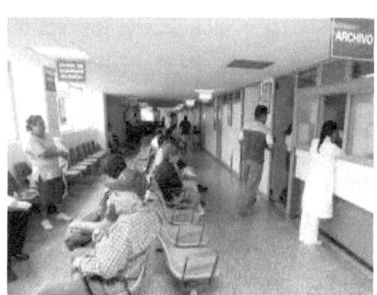

El Plan de Calidad deberá dar respuesta explícitamente, tanto a los objetivos mínimos relativos a la Calidad Asistencial, como a los correspondientes a la Calidad Percibida por el Usuario.

1. CALIDAD ASISTENCIAL

El Plan de calidad clínica, deberá responder a unos objetivos mínimos, entre los que se incluirán:

❏ Implantación de una guía integrada de práctica clínica homologable con los estándares de cada especialidad.

❏ Vinculación de la actividad asistencial, con la de investigación, prevención, formación y docencia.

❏ Protocolización de la atención de enfermería, integrada en las guías de práctica general.

❏ Protocolización de actuaciones con las demás áreas asistenciales del hospital.

❑ Coordinación de profesionales de las Unidades de Gestión Clínica o de Instituto a los Centros de Atención Primaria, tanto en consultas, como en formación continuada y en protocolización del seguimiento de pacientes.

❑ Acciones para la mejora de la eficiencia en la utilización de los recursos en la práctica asistencial.

❑ Definición y seguimiento de una batería de indicadores, que permita la autoevaluación asistencial de la actividad de los profesionales (incluyendo los procedimientos utilizados en el diagnóstico y trata- miento), del uso de los recursos, de los resultados clínicos, de los cui- dados de enfermería, así de como la calidad de vida aportada al paciente.

2. CALIDAD PERCIBIDA POR EL USUARIO

Junto con el plan de calidad asistencial, el acuerdo de gestión anual incorporará un plan de calidad percibida por el usuario. Deberá responder a unos objetivos mínimos, entre los que se incluirán:

❑ Impacto del nuevo modelo en la calidad percibida por el paciente

❑ Acciones en formación continuada y en comunicación, dirigidas a los profesionales de las Unidades de Gestión o de los Institutos y a usuarios reales y potenciales, sobre la necesidad de centrar la actividad asistencial en el usuario.

❑ Realización de evaluaciones periódicas y objetivas entre los pacientes, para conocer su valoración de la asistencia y atención recibidas.

❑ Atención efectiva a las sugerencias y quejas planteadas por los usuarios, o por colectivos de opinión.

❑ Seguimiento específico de la calidad de la información facilitada al usuario o a sus acompañantes, de la personalización de la atención recibida y del seguimiento realizado con posterioridad al alta asistencial.

❑ Asignación de un médico y enfermera responsable, e identificación de los profesionales ante los usuarios.

14.- CONCLUSIONES

Comenzaremos por el final. En estos momentos en Andalucía podríamos decir que todo camina hacia la Gestión Clínica como forma de organización de los Servicios del Sistema Sanitario Público Andaluz. Por lo que respecta a la Salud Mental, un reciente decreto de la Junta de Andalucía, Decreto 77/2008 (1), en su introducción expone: «Este Decreto regula la ordenación de la atención a la salud mental y contempla la creación de unidades de gestión clínica de salud mental en todas las áreas hospitalarias o áreas de gestión sanitaria del Servicio Andaluz de Salud». Por tanto nos encontramos en una situación en la que, según los plazos que establece este Decreto, en el año 2010, todos los Servicios de Salud Mental de Andalucía estarán conformados como Unidades de Gestión Clínica de Salud Mental de cada Área Hospitalaria o Áreas de Gestión Sanitaria.

Esta situación no es exclusiva de la Salud Mental. Otro decreto, el 197/2007 (2), en el que se regula una nueva estructura, organización y funcionamiento de los servicios de Atención Primaria de todo el Sistema Sanitario Público de Andalucía, se define que: «La unidad de gestión clínica de atención primaria de salud es la estructura organizativa responsable de la atención primaria de salud a la población y estará integrada por los profesionales de diferentes categorías, adscritos funcionalmente a la zona básica de salud», territorio sobre el que ejerce su ámbito de actuación. Se encuentra en elaboración otro decreto semejante para el nivel de atención especializada.

Todas estas disposiciones legales son consecuencia de la aplicación del II Plan de Calidad del Sistema Sanitario Público de Andalucía 2005-2008, «Caminando hacia la excelencia» (3). En su «Estrategia 2», «Garantizar la gestión de Calidad de los servicios sanitarios», incluye como uno de sus proyectos «Nuevas formas organizativas y de gestión», proponiendo las siguientes acciones:

• Extender modelos de gestión más descentralizados, dotando de mayor capacidad y autonomía de los centros y unidades a través de la utilización de herramientas de gestión clínica, gestión por procesos y gestión por competencia.
• Establecer el modelo de Unidades Clínicas de Gestión del Sistema Sanitario como núcleo de desarrollo organizacional.
• Definir el Modelo de Gestión para Unidades Clínicas y un nuevo marco organizativo en el entorno hospitalario.
• Vincular el desarrollo de Unidades de Gestión Clínica a la implantación y gestión de los Procesos de Asistenciales Integrados.

Entendemos pues que, en un futuro próximo, el Sistema Sanitario Público Andaluz estará organizado en toda su extensión como Unidades de Gestión Clínicas. Se incluye en esta estrategia del Plan de Calidad, además de este proyecto de organización descentralizada, la gestión de la calidad a los centros y profesionales introduciendo objetivos a través de los Contratos programas o Acuerdos de Gestión, la acreditación del sistema sanitario (centros, unidades, profesionales...) mediante el Modelo de Acreditación de Andalucía, el plan del uso racional de tecnologías sanitarias y la elaboración de un Plan de seguridad del paciente.

Hemos de tener en cuenta que estas actuaciones se realizan en una parte del territorio nacional, que en el aspecto sanitario tiene unas características especiales. El Sistema Sanitario Público Andaluz cubre una población de 7.526.106, el 94,36 % de la población que vive en Andalucía (4) según fuentes del INE de 2006. Este sistema, financiado con los presupuestos de la Junta de Andalucía, es de gestión pública en su gran mayo- ría y sólo tiene un pequeño porcentaje de conciertos con entidades priva- das, especialmente hospitales.

BIBLIOGRAFIA

Brook RH. Health services research: is it good for you and me? Acad. Med. 1989; 64:124-130.

Culyer AJ. The morality of efficiency in health care -- some uncomfortable implications. Health economics 1992; 1:7-18.

Drummond M, Stoddart G, Labelle R, Cushman R. Health economics: An introduction for clinicians. Ann Intern Med 1987; 107:88-92.

Drummond M. Assessing Efficiency in the New National Health Service. Discussion Paper 75. Centre for Health Economics. University of York. York, U.K., 1990.

Gracia D. Fundamentos de Bioética. Madrid: Eudema, 1989.

Jennett B. High Technology Medicine. Benefits and Burdens. The Nuffield Provincial Hospital Trust. London, 1984.

Lázaro P. Evaluación socioeconómica de la práctica clínica cardiológica. Rev Esp. Cardiol 1998; 50:428-443.

Lázaro P, Azcona B. Clinical practice, ethics, and economics: the physician at the crossroads. Health Policy 1996; 37:185-198.

Lázaro P, Fitch K. Economic Incentives and the Distribution of Extracorporeal Shock Wave

Lithotripters and Linear Accelerators in Spain. Int J Tech Ass Health Care 1996; 12:735-744.

Lázaro P, Fitch K. From universalism to selectivity: is "appropriateness" the answer? Health Policy 1996; 36:261-272.

Lázaro P, Pozo F, Ricoy JR. Una estrategia de investigación en el sistema nacional de salud: II. Investigación en servicios de salud. Med Clin (Barc) 1995; 104:67-76.

Lázaro P. Evaluación de Tecnología Médica. Valencia: M/C/Q ediciones, 1994.

Lázaro P. Angioplastia coronaria y cirugía coronaria: algunas consideraciones socio-económicas. Rev ESP Cardiol 1993; 46 (supl. 3):1-14.

Luce BR, Elixhauser A. Standards for the Socioeconomic Evaluation of Health Care Services. Ed. A.J. Culyer. Springer-Verlag. Berlin 1990.

Maynard A. Incentives for cost-effective physician behaviour. Health Policy 1987; 7:189-204. Mooney GH. Economics, medicine and health care. London: Harvester Wheatsheaf, 1989. Ouchi WG. Theory Z. Massachusetts: Adison-Wesley, 1981.

Pérez López JA. La empresa como realidad humana. Barcelona: Instituto de Estudios Superiores de la Empresa. Universidad de Navarra; 1987. FHN-160.

Pérez López JA. Las motivaciones humanas. Barcelona: Instituto de Estudios Superiores de la
Empresa. Universidad de Navarra; 1987. FHN-161.

Pérez López JA. Funcionamiento de las organizaciones. Barcelona: Instituto de Estudios Superiores de la Empresa. Universidad de Navarra; 1985. FHN-165.

Autoras:

Ana Redondo Crespo
Mª Ángeles Tejado Alamillo
Blanca Rodríguez Ortuño

ISBN 978-1-4710-7407-3